어뮤즈AMUSE는 트렌디한 MZ를 위한 서울 베이스의
비건&웰니스 라이프스타일 뷰티 브랜드입니다. 어뮤즈만의
유니크한 컬러와 제품으로 일상에 기분 좋은 바이브를 전달하고
있어요. 그리고 어뮤즈는 '행복하게 태어난 제품만이 우리의 삶을
즐겁게 만들 수 있다'는 믿음을 가지고 비건 뷰티 큐레이션을
선보이고 있습니다. 여러분의 헬시 플레저가 되고픈 마음으로요!
@amuse @amara_amusegirl amusemakeup.com

스티커stickHER는 밀레니얼 엄마들을 위해 문화 라이프스타일
콘텐츠를 전달하는 온라인 기반의 미디어이자 커뮤니티입니다.
스티커는 엄마가 빛나야 우주가 빛난다고 믿어요. 그래서
엄마들의 신나고 건강한 삶을 응원하며 매일 꼬박꼬박 영감
한 스푼 얹은 정보를 인스타그램을 통해 전달하고 있습니다.
아침마다 웰니스 알람을 전달한다는 마음으로요.
@stickher.kr

Every day Well ness.

몸에 익힌
숨 쉬듯 자연스럽게　　　긍정적이고 소소한 습관,　　　그 작은 행동들로,

하루를 다정하고 단단하게 채우는   매일매일, 웰니스

Every
day
Well
ness.

everyday wellness   **definition**

Wellness is

the steps we take to revitalize our life through good vibe.

웰니스란 삶에 긍정적인 바이브를 채워나가는 충전 과정입니다. _amuse

everyday wellness · definition

WELLNESS IS GLITTERING MOMENTS WE EXPERIENCE EACH DAY. IT ALLOWS US TO EMBRACE THE HUMBLE RHYTHM OF LIFE.

웰니스란 일상 속 순간순간의 반짝임, 그 사소한 리듬을 즐기는 마음가짐입니다. _stickher

everyday wellness **definition**

웰니스란 건강한 일상 루틴을 세우고 지켜나가기 위한 기분 좋은 노력입니다. _amuse

Wellness is our ongoing efforts to pursue a healthy routine.

everyday wellness **letter**

자주 하는 말이 있습니다.
"인생 목표, 뭐 특별할 게 있나? 나 행복하려고 사는 거지."
오랫동안 매거진 편집장을 하고, 아이를 낳고, 스티커를 론칭하며 부지런히 사는 동안,
강박처럼 간직한 신념은, '내가 행복해야 한다'는 거였습니다.
내가 행복해야, 주변을 행복하게 할 수 있으니까요.
거창한 인생 목표는 없어도
하루하루를 조화롭게, 평온하게 살자는 목표는 있었죠.
그게 행복, 좋은 삶, 웰니스 그 자체라 믿으니까요.
그러기 위해서 자연스레 몸에 익혀온 습관이 있습니다.
거창할 것 하나 없는, 누구나 지킬 수 있는 소소한 것들요.
그 사소한 매일의 루틴을 긍정 에너지와 버무려
'everyday wellness'란 책으로 엮었습니다.
웰니스적인 삶을 추구하는 어뮤즈amuse와 함께 말입니다.
저 역시 이 책에 실린, 어려울 것 하나 없는, 그 룰들을 온전히 지키진 못해요.
하지만 그중 몇 가지만 실천해도 '꽤 괜찮은 인생이네'라고 웃으며 중얼거리게 돼
실천하고자 애쓸 뿐입니다.
이 책이 여러분의 매일을, 좋은 곳으로 데려다줬으면 좋겠습니다.

"everyday wellness!"

스티커 stickher 대표 안성현

매일 생각하고 또 생각합니다.
'감사하는 마음이 원하는 것을 가져다준다'라고요.
아무리 작고 소소한 것일지라도
진심으로 고마워하는 마음을 가질 때,
우리 일상은 긍정 에너지로 충전됩니다.
이것이 바로 진정한 '웰니스 라이프'라고 믿습니다.
지금껏 당연히 여겼던 내 존재의 가치를 발견하고
주어진 24시간의 하루를 소중히 하며,
주변 사람들, 그리고 하루하루 일상이 얼마나 소중한지 깨닫는 과정은
기쁨, 즐거움이 충만할 테니까요.
동시에 긍정적이고 감사하는 '마음'은 지치지 않는 '체력'에서 오고
강인한 체력은 단단한 매일의 '루틴'에서 비롯된다는 걸
자연스럽게 경험해왔고 어느새 삶을 지지하는 가치관이 되었습니다.

이 책이 여러분에게도 오늘날 무엇이 중요한지 다시금 확인하고
잠재된 유쾌함을 손쉽게 발견하도록 도울 것이라고 생각해요.
매일의 루틴과 헬시 플레저로 채워진 일상의 가치를 새롭게 재해석할 수 있는
기분 좋은 시각이 열리면 건강한 풍요로움이 가득한 웰니스적인 삶을 누릴 수 있습니다.
이미 갖고 있는 것들에 주의를 기울여 소소한 가치를 한번 찾아보세요.
가장 개인적이고 소소한 것이 가장 아름다울 수 있습니다.
그것이 바로 출발점입니다.
조금만 시선을 옆으로 옮겨보시길 바랍니다.
어렵지 않아요. 웰니스를 모토로 하는 어뮤즈amuse와
매일매일 영감을 전달하는 스티커stickher가 함께 던져온 질문이
그 지렛대 역할을 해주기를 바랍니다.
이 책이 여러분 일상에 꽤 괜찮은 친구가 되어주길.

"everyday wellness!"

어뮤즈 amuse 대표 이승민

everyday wellness **contents**

10　*letter* 서문
14　*how to use* 이 책은 이렇게 사용하세요
16　*wellness rule 01*
　　아침마다 현관을 나서며 또박또박 말해요
　　"오늘은, 오늘 하루뿐인 특별한 날입니다"
18　*wellness rule 02*
　　구글 맵을 켜고 가고 싶은 곳을 짚어봅니다
19　*wellness rule 03*
　　사소한 일상의 예쁨을 기록해요
20　*wellness rule 04*
　　매일 5분간 리듬에 몸을 맡겨요
21　*wellness rule 05*
　　마신 물의 양을 기록합니다
22　*wellness rule 06*
　　'내가 틀릴 수도 있다'라고 마음속으로 외쳐봅니다
23　*wellness rule 07*
　　채우는 정리가 아닌 빈 공간을 만드는 정리를 합니다
24　*wellness rule 08*
　　눈을 뜨자마자 창문을 열어요
26　*wellness rule 09*
　　나의 공간 어딘가에 잠깐이라도 웃을 수 있는
　　물건을 놔두어요
28　*wellness rule 10*
　　반려식물을 곁에 둡니다
30　*wellness rule 11*
　　매일 쓰는 작고 소소한 물건에 예쁨을 더해요
32　*wellness rule 12*
　　쓰레기봉투를 들고 동네 한 바퀴!
33　*wellness rule 13*
　　내일은 10분 일찍 알람을 맞춰요
34　*wellness rule 14*
　　식물 이름을 하나씩 외워요,
　　다정한 지구인이 되는 첫 단계입니다
36　*wellness rule 15*
　　촛불을 불어보세요
38　*wellness rule 16*
　　배우고 싶은 언어의 문장 하나를 외워보세요
40　*wellness rule 17*
　　고민은 접고, 직관을 믿어보세요
41　*wellness rule 18*
　　내일 할 일은 내일로 미뤄요!

42　*wellness rule 19*
　　청소를 10분 명상이라 생각해요
44　*wellness rule 20*
　　손에 잡히는 곳마다 작은 핸드크림을 놓아둬요
46　*wellness rule 21*
　　타월 컬러를 쨍하게 바꿔봅니다
48　*wellness rule 22*
　　오늘은 나와 데이트해요
50　*wellness rule 23*
　　좋아하는 것을 모아두는 나만의 쇼윈도를 꾸며요
52　*wellness rule 24*
　　버리기 바구니를 만들어요,
　　그리고 하루에 하나씩 버려요
54　*wellness rule 25*
　　똑같은 행동을 매일매일 100일간 해봅니다
56　*wellness rule 26*
　　오늘도 즐길 수 있는 운동을 조금만 합니다
58　*wellness rule 27*
　　하루 한 끼 비거니스트가 돼요
60　*wellness rule 28*
　　나만의 산책로를 걷습니다
61　*wellness rule 29*
　　나를 쏙 빼닮은 애착 텀블러를 들고 다녀요
62　*wellness rule 30*
　　좋아하는 물건과 함께 외출합니다
63　*wellness rule 31*
　　동네 단골 가게에 들릅니다
70　*wellness rule 32*
　　샤워 물 온도를 1도만 낮춰요
72　*wellness rule 33*
　　하루 딱 1시간 휴대폰을 접어둬요
73　*wellness rule 34*
　　1시간마다 울리는 스트레칭 알람을 설정해요
74　*wellness rule 35*
　　우리 몸에서 어쩌면 가장 무심했을지도 모를 곳을
　　가볍게 다독여줘요
75　*wellness rule 36*
　　운동화를 바꿔요, 그리고 걸어요
76　*wellness rule 37*
　　모든 걸 잊고 20분의 낮잠 타임을 누리세요

78	*wellness rule 38*		
	좋아하는 책을 다시 읽습니다		
80	*wellness rule 39*		
	일정한 시간에 잠자리에 듭니다		
82	*wellness rule 40*		
	예쁜 속옷을 입어요		
83	*wellness rule 41*		
	샤워 전 찬찬히 거울을 보세요		
84	*wellness rule 42*		
	36색 펜과 스케치북을 사요	108	*wellness rule 57*
86	*wellness rule 43*		매일 아침 올리브유 한 스푼을 먹어요
	365일 야금야금 여행을 준비해요	109	*wellness rule 58*
88	*wellness rule 44*		고운 빗으로 머리를 천천히 빗어요
	흰색 A4용지 대신 핑크색 용지를 사용해요	110	*wellness rule 59*
90	*wellness rule 45*		하루 한 번, 구름을 보며 멍때려요
	나의 어린 시절을 아는 친구와 연락해요	112	*wellness rule 60*
92	*wellness rule 46*		쉬는 날에는 속옷으로부터 자유로워져요
	집에선 멋진 홈웨어를 입어요	114	*wellness rule 61*
93	*wellness rule 47*		일기 대신 메모를 남겨요
	누군가를 위해 하루 1000원씩 저금합니다	115	*wellness rule 62*
94	*wellness rule 48*		카페인 없는 헬시 플레저를 찾아보세요
	작은 성공이라도 크게 축하해요	116	*wellness rule 63*
96	*wellness rule 49*		비건 화장품을 써요
	메일함을 정리합니다	118	*wellness rule 64*
98	*wellness rule 50*		응원의 문장을 하나씩 찾아봅니다
	손톱 발톱을 관리해요	124	*wellness rule 65*
99	*wellness rule 51*		'00해줘서 감사합니다'란 인사를 또박또박 해봐요
	나만의 책상에 앉아요	128	*wellness rule 66*
100	*wellness rule 52*		사랑하는 이들의 안부를 물어요
	즐겨찾기 목록에 롤모델의 SNS를 모아요	132	*wellness rule 67*
102	*wellness rule 53*		생각날 때마다 '하고 싶은 걸' 기록합니다
	아침에 눈뜨면 개운하게 침구를 정리합니다	138	*wellness rule 68*
104	*wellness rule 54*		나만의 디깅 리스트를 만들어요
	매일 같은 시간 체중계에 올라요	142	*wellness rule 69*
106	*wellness rule 55*		셀프 칭찬을 해요
	멀티태스킹이 아닌 모노태스킹의 시간을 가져요	148	*wellness rule 70*
107	*wellness rule 56*		오늘 할 수 있는 일 리스트를 써보아요
	자기 전 1시간, 아무것도 치우지 않습니다	154	*interview*
			스타일리스트 김윤미
		168	*interview*
			뷰티 크리에이터 에바 리
		182	*interview*
			서울가드닝클럽 대표 이가영

everyday wellness **how to use**

이 책은 이렇게 사용하세요

①
수시로 들춰보세요. 한 번 보고 책장에 꽂아 두는 책이 아니에요. 다정한 친구처럼 매일 응원을 건네니 자주 말을 걸어주세요.

②
순서대로 보지 않아도 돼요. 어디를 펼치든 당신의 하루에 에너지가 될 거예요.

③
함께 외출하세요. 단단한 글과 화사한 사진을 앞에 두고 차 한잔하는 시간, 에너지가 차오릅니다. 특히 기분이 다운되는 날 챙겨 나가면 좋아요.

④
기록하고 메모하세요. 중간 중간 당신의 생각과 행동을 기록하거나 정리할 수 있는 공간이 마련돼 있습니다.

⑤
선물하세요. 균형 잡힌 일상을 함께 나누고 싶은 친구에게 건네면 행복이 배가될 거예요.

everyday wellness **rule**

아침마다 현관을 나서며 또박또박 말해요

"오늘은, 오늘 하루뿐인 특별한 날입니다"

막연한 세상을 향해 한 발 내딛는 아침. 건강하고 활기찬 에너지를 온몸에 채우기 위해 현관 문고리를 잡고 이렇게 말해보세요. 최대한 또박또박 발음해보는 겁니다. "오늘은, 오늘 하루뿐인 특별한 날입니다"라고요. 입술 밖으로 이 문장이 나오는 순간, 현실을 바꿀 마력이 생깁니다. 말에는 그런 힘이 있죠. 말은 흩어져버리는 생각을 잡아두니까요. 반복적인 말은 우리의 행동과 심지어 환경까지 바꿉니다. 매일 아침, 이 주문을 외울 때마다 깨닫게 됩니다. '아, 맞다. 오늘은 오늘 하루뿐이지. 다시는 돌아오지 않아. 너무 소중하다. 오늘아.'

everyday wellness **rule**

구글 맵을 켜고
가고 싶은 곳을
짚어봅니다

기술의 힘을 빌려 지구 이곳저곳을 여행해봐요. 구글 스트리트 뷰를 통해 세계 곳곳을 실감 나게 볼 수도 있고, 최근에는 시간 여행까지 가능하죠. 포틀랜드에 있는 로렐허스트 공원을 걸어볼 수도 있고, 코펜하겐의 브뤼게 섬을 자전거 여행자처럼 누빌 수도 있고, 베를린 미테 지역을 돌아 15년 전 명동 거리로도 떠날 수 있죠. 잠깐의 가상 여행이 주는 에너지로 오늘을 또 신나게 살아봅니다.

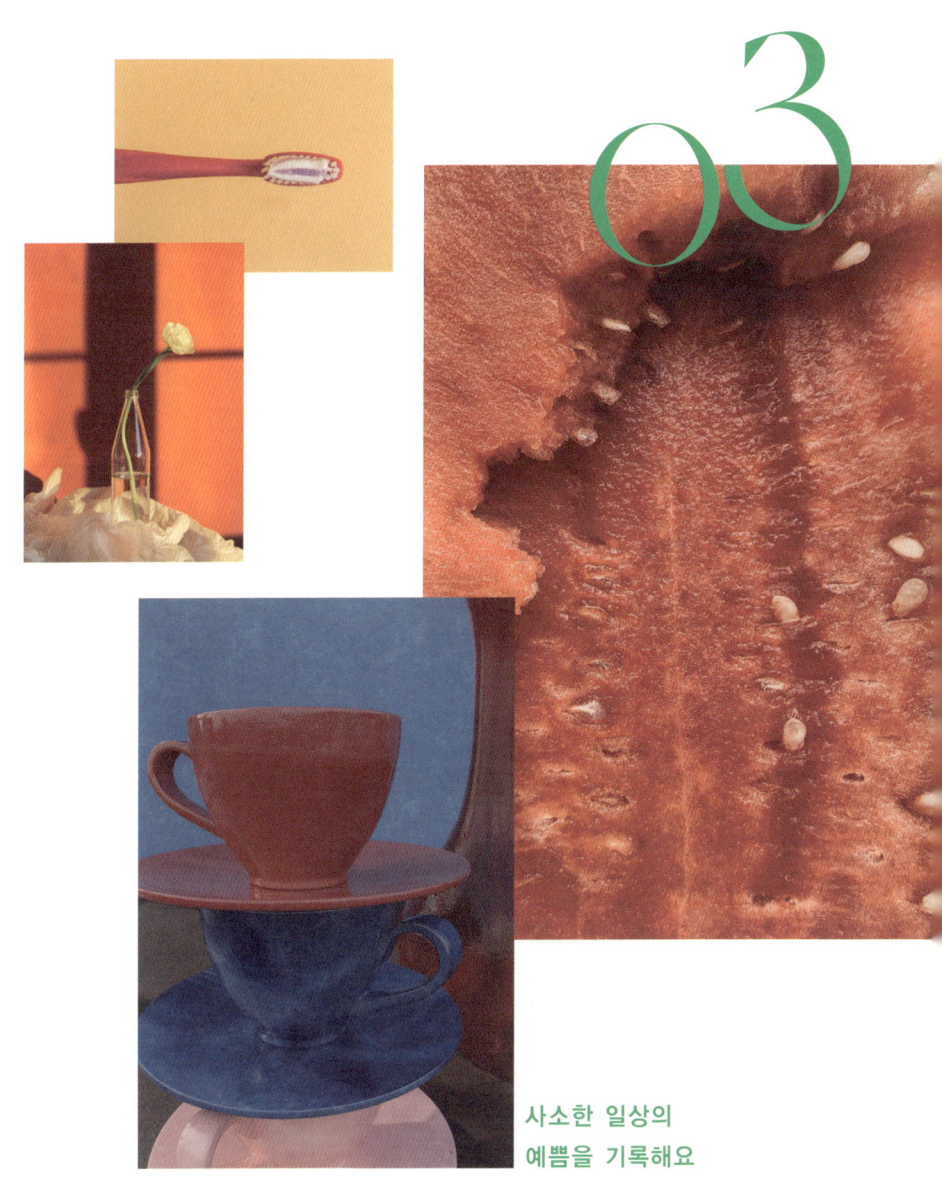

03

**사소한 일상의
예쁨을 기록해요**

참 신기하죠? 이렇게 일상을 담다 보면 나도 모르게 다정해져요. 예사롭던 것들에도 예쁘고 귀한 구석이 있다는 걸 알게 되니까요. 그렇게 좋은 사람이 돼갑니다. 자, 당신 눈앞엔 뭐가 있나요? 아름답나요?

everyday wellness **rule**

매일 5분간
리듬에 몸을 맡겨요

살다 보면 우리에게 필요한 움직임이 있어요. 예컨대 빨리 움직이는 사람은 조금 느린 동작이, 또 반복적인 동작만 하는 사람에게는 다른 형태의 동작이 필요하죠. 그런 동작을 실행하게 해주는 게 춤이에요. 하루에 5분, 나만의 댄스 플레이리스트를 틀어놓고, 몸의 리듬을 바꿔보세요. 춤은 심장을 뛰게 해요. 다시 내 몸과 내가 연결되죠. 이젠 인생도 춤추듯 살아보아요.

04

마신 물의 양을
기록합니다

물은 목마를 때마다 마시면 될까요? 아니요. 그러면 보통 성인이 충분히 섭취해야 할 물의 양을 다 마시지 못해요. 갈증이 느껴지지 않아도 시간을 정해 마시는 게 좋습니다. 보통 성인 여성은 물을 하루에 7~10컵 이상 마시는 게 기본인데요. 생각보다 지키지 못하는 경우가 많죠. 게다가 물을 몇 컵 마셨는지 기억한다는 건 쉽지 않은 일이거든요. 그래서 자신에게 필요한 섭취량을 정하고 마실 때마다 체크하는 게 필요해요. 책상, 모니터, 냉장고 등에 포스트잇을 붙이고 기록하는 거예요. 이게 번거롭다면 물 마시기 앱을 사용하는 것도 좋겠죠. 매일 충분한 수분 섭취량을 지키기만 해도 몸이 명랑해집니다. 피부는 물론이고요.

05

everyday wellness rule

'내가 틀릴 수도 있다'
라고 마음속으로 외쳐봅니다

오늘도 고집스레 내 의견만 주장하진 않았나요? 이해할 수 없는 일투성이라고 분노하지 않았나요? 마음속으로 이 주문을 외워보세요. '내가 틀릴 수도 있다.' 타인과 함께하는 세상에서 자신이 항상 옳을 수도 없고, 그래서도 안 되는 일이죠. 지적 겸손이 필요해요. 하지만 우린 그 간단한 사실을 잊고 나만의 장벽을 치죠. 내려놓으세요. 내가 틀릴 수도 있습니다. 분명한 건 지금의 내 선택이 틀린 거지, 내 존재 자체가 부정당하는 건 아니라는 사실입니다. 자, 언제든 '내가 틀릴 수도 있다'라는 주문을 외워보세요. 말 한마디로 마음속에 보드라움이 싹틉니다.

정리의 신들은 이야기하죠. 정리란 공간을 고인 물이 아닌 흐르는 물로 만드는 것이라고요. 쓰임에 맞게 물건이 자리하고, 또 그 물건들이 쉽게 들고날 수 있게 만드는 것이 정리의 핵심입니다. 세상의 모든 여백은 의미 있습니다. 때로는 채움이 아니라 비움에서 더 충만함을 느낄 수 있습니다. 이제 정리할 때 공간의 10퍼센트는 비워두세요. 내용물이 한눈에 보이고 뭐든 빼기 쉬운, 정리가 흐를 수 있는 물길을 남겨놓으세요.

07

채우는 정리가 아닌 **빈 공간을** 만드는 **정리를** 합니다

everyday wellness **rule**

눈을 뜨자마자   창문을 열어요

혹시 아침 불안이라고 들어보셨나요? 눈뜨자마자 어제 못다 한 일 혹은 오늘 해야 할 수많은 일들을 떠올리게 돼 불안감이 커지는 상태를 말해요. 전문가들은 이를 끊기 위해 '일어나자마자 지켜야 할, 작은 몸의 움직임'을 정하라고 조언해요. 물 마시기, 침대 정리하기, 샤워하기, 창문 열기 같은 거죠. 까딱하면 못 지키게 되니, 아예 자기 전에 단단히 결심을 하고 자라는 거예요. 그중에서도 창문 열기는 최고죠. 바람을 맞으며 자연에게 인사를 나누게 되니, 걱정을 잠시 잊게 되거든요. 아침에 창문을 여는 건, 밤새 안녕한 자연에게 인사를 건네는 행위예요. 창문을 열고 불어오는 공기의 온도가 어떻게 달라졌는지, 바람 소리는 얼마나 보드라워졌는지 느껴보세요. 그 순간 주인공은 아침이에요. 순수한 아침의 모습을 마주하고 관찰해보세요. 그러고 나면 분명 당신이 머무는 곳이 좋아질 거예요.

나의 공간 어딘가에
잠깐이라도 웃을 수 있는
물건을 놔두어요

우리 인생에 유머가 없는 건 완충 장치 없는 자전거를 타고 자갈밭을 달리는 행위와 같아요. 사람이 전하는 웃음이 좋지만 매일 유머러스한 누군가를 만나기란 세상 어려운 일이죠. 대신 우리의 공간에 유머를 하나씩 심어놓으세요. 짜증이 폭발하려는 순간 고개를 돌려 당신이 놓아둔 '웃음'과 눈을 마주쳐보세요. 짜증 대신 즐거움이 팡 터질 거예요!

everyday wellness **rule**

반려식물을
곁에 둡니다

식물은 우리를 토닥이고 돌봐요. 그뿐인가요. 공기를 맑게 하고 삭막한 공간도 근사하게 만들어주죠. 실제로 식물학자들은 실내에 식물을 두면 없는 경우보다 약 20퍼센트 피로감이 개선된다고 했어요. 피로해소제, 심리안정제, 공기정화제, 공간 데코 액세서리 역할까지 하니 곁에 두지 않을 이유가 없습니다. 문제는 제대로 돌보기 어렵다는 거죠. 늘 건강한 교감을 나누고 싶은데, 제대로 키우지 못하면 자책하게 돼요. 그럴 땐 수경재배 친구를 선택하는 게 해결책이에요. 물에 뿌리를 담가두면 몇 년이고 계속 자라는 무던한 성격이니까요. 게다가 쑥쑥 잘 크는 유쾌한 성격이라, 곁에 두면 수다가 늘죠. "어머, 너 오늘 이파리 하나가 돌돌 말려 나왔구나. 반가워."

everyday wellness rule

11

매일 쓰는 작고 소소한
물건에 예쁨을 더해요

매일 쓰는 소소한 물건일수록 최선을 다해 멋진 디자인으로 택해봐요. 손등에 'NICE DAY'가 박힌 고무장갑, 쨍한 컬러의 칫솔, 샛노란 병따개와 초록색 약통, 조약돌 같은 그림감의 핑크 틴트, 형광 연두색 손잡이가 달린 화장실용 청소 솔처럼요. 큰돈 들이지 않고도 순간순간이 즐거워지는 방법이에요. 설거지도 청소도 왠지 더 잘되는 거 같기도? 근데 실제로 그렇대요. 사람의 마음을 들여다보는 인지과학자 도널드 노먼이 "놀랍게도 심미적으로 즐거움을 주는 것이 실제로 작업을 더 잘할 수 있게 해준다."고 했거든요. 그래서 그는 이런 디자인을 '감성 디자인emotional design'라 불러요. 그럼 우리 일 잘하는 감성 디자인 소품들과 함께 부대끼면서, 매일 기분을 업!시켜보자고요.

  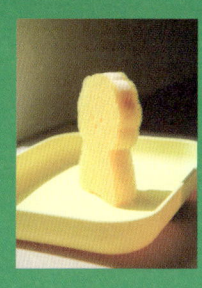
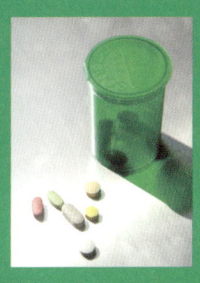  
 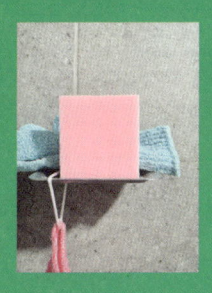 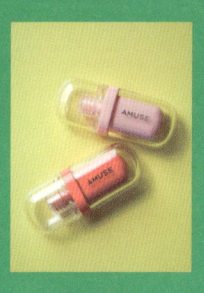

everyday wellness **rule**

내가 살고 있는 동네에 대해 얼마나 알고 있나요? 더불어 내가 사는 동네에 얼마나 애정을 품고 있나요? 우리가 살아가는 장소에 대한 '돌봄'을 실천해보아요. 그 첫걸음으로 눈에 보이는 쓰레기를 주우며 동네 한 바퀴를 돌아요. 누가 알아주지 않아도, 이런 작은 행동이 메말라가는 우리의 인류애를 깨우죠. 산책 후 느껴지는 육체적, 정신적 개운함도 놓칠 수 없을 겁니다.

쓰레기를 줍고 동네 한 바퀴!

13

내일은 **10분 일찍 알람**을 맞춰요

아리스토텔레스는 '아침은 영혼의 삶'이라고 했어요. 사람의 육체를 지배하는 영혼의 맑음을 챙기는 시간이 바로 아침이라는 것이죠. 그래서 많은 성공 롤모델들이 '오늘도 맑음' 스위치를 켜기 위해 새벽 기상과 미라클 모닝 루틴을 실천 중입니다. 하지만 모두가 아침형 인간이 될 순 없어요. 다만 조금이라도 여유 있는 아침을 확보하려 노력할 뿐이죠. 10분 일찍 알람을 맞추는 건, 결국 몸과 영혼의 맑음에 가까이 가려는 작은 시작입니다. 그 10분은 무조건 당신을 위한 시간으로 만들어요. 누구의 방해도 받지 않고, 나 스스로 만들어낸 10분을 즐겨보세요. 스트레칭이나 명상을 해도 좋고, 차를 한 잔 마셔도 좋아요. 고작 10분이라 여기지 마세요. 10분이 모여 한 달이면 5시간, 일 년이면 이틀 하고도 12시간이나 되죠. 10분 일찍 일어남으로써 공짜 휴가가 그만큼이나 생겼다니, 10분 안에 뭐라도 해보고 싶지 않나요?

everyday wellness **rule**

식물 이름을 하나씩 외워요

다정한 지구인이 되는 첫 단계입니다

집에서 키우는 식물 이름을 알고 있나요. 사무실 창가에 둔 화분의 이름은요?
아파트 단지나, 동네 가로수 이름은요? 모든 사람에게 이름이 있듯, 모든 식물에도 이름이 있어요.
그저 우리가 지나쳤을 뿐이에요. 무심히 지나쳐버린 주변의 살아 있는 것들에 생각의 틈을 내어줘요.
수없이 많은 식물 이름을 수험생처럼 한 번에 달달 외울 필요는
없어요. 그저 가까이 있는 화분의 이름부터 하루에 하나씩 알아가는
거예요. 이름을 아는 건 모든 사랑의 시작. 나와 함께 숨 쉬며 지구를
살아가는 생명체에 대한 지속적인 관심은 마음의 크기를 키우고 삶의 이치를 차차 깨닫게
합니다. 다정한 지구인이 되는 첫 단계로 식물을 택한 건 어찌
보면 당연해요. 지구 육지의 삼분의 일을 차지하는 친구니까요.

14

everyday wellness **rule**

집 어딘가에 초 한 자루를 놓아두세요. 정신이 혼란스러울 때 촛불을 켭니다. 아련한 촛불을 보는 것도 좋지만 후 하고 불어보세요. 그것만으로도 당신의 호흡이 길어지고, 심박수는 느려지고, 화는 가라앉아요. 수많은 운동과 명상법을 살피다 보면 결국 호흡이 중요함을 깨닫게 됩니다. 특히 요가에선 호흡을 내면의 오래된 자아를 내보내고 우주의 에너지를 자기 몸 안으로 들여오는 의례로 봅니다. '영감'을 의미하는 인스피레이션 inspiration 역시 스피릿spirit을 몸 안으로in 들여온다는 의미를 품고 있죠. 결국엔 호흡이에요. 식사는 하루 세 번이지만, 산소를 마시는 호흡은 24시간이잖아요. 들숨은 혈관을 타고 장기 구석구석에 산소를 전하고 날숨은 이산화탄소 농도 조절을 돕죠. 제대로 된 복식 호흡은 소화, 혈압 안정, 심지어 지방 분해까지 도와줘요. 초를 불면서 의식적으로 흉곽을 내밀어 배로 숨을 쉬는 겁니다. 호흡을 잘하면 생각보다 많은 것이 해결됩니다. 호흡 연습을 하루 한 번 초를 불면서 해보세요.

촛불을 불어보세요

everyday wellness **rule**

배우고 싶은 언어의
문장   하나를
외 워 보 세 요

언어를 배운다는 것은 세상을 바라볼 수 있는 창문이 하나 더 생기는 일입니다. 완벽하게 외국어를 구사할 필요는 없지만 나의 세상을 넓히기 위해 하루에 한 문장, 아니 한 단어라도 다른 언어로 배워보세요. 잘해야 한다는 압박보다는 그 언어에 담긴 다른 세상을 보려는 노력 정도면 됩니다.

everyday wellness **rule**

고민은 접고, **직관**을 믿어보세요

고민을 많이 한다고 결코 정답을 찾는 건 아닙니다. 오히려 오늘은 마음이 순간적으로 이끌어낸 답을 믿어보세요. 아인슈타인도 말했잖아요. "이성적인 마음은 하인이다. 반면에 직관적인 마음은 신성한 선물이다. 우리가 창조한 사회는 하인을 섬기느라 선물을 잊어버렸다." 문제를 받아 들자마자 생긴 마음, 그게 정답일 수 있어요.

오늘도 과도한 목표를
세우진 않았나요?
마치 24시간을 현금화하듯
시간을 바닥까지 박박 긁어
쓰려고 하진 않았나요?
내려놓으세요. 매일 밤 하지
못한 일을 세며 괴로워하지
말고 과감하게 끊어보세요.
내일 할 일은 내일로
미뤄요. 그건 게으름이
아니라 내일을 위한 재생의
시간을 갖는 거예요.

내일 할 일은 **내일로 미뤄요!**

everyday wellness　**rule**

**청소를 10분
명상**이라 생각해요

머리와 가슴속에 쌓인
먼지를 털어내기 위해선
일상의 수행이
필요합니다. 같은 일을
반복하는 것만큼 강력한
수행법은 없죠. 자, 번뇌의
청소를 시작해보세요.
책상 위와 가방 속 등
주변을 정리하며 모든
생각을 비워내세요. 눈에
보이는 공간 너머 우리의
머리와 가슴속 먼지도
사라집니다.

everyday wellness **rule**

손에 잡히는 곳마다
작은 핸드크림을
놓아둬요

우리의 시선에 가장 자주 들어오는 신체 부위는 바로 손이죠. 하루 종일 컴퓨터, 휴대폰 등과 열심히 전투를 치르는 손에 애정을 쏟아보세요. 제일 간단한 방법은 시시때때로 핸드크림 바르기. 하지만 이 간단한 규칙도 지키기 쉽지 않아요. 생각을 바꾸기 힘들면, 나를 에워싸고 있는 공간을 바꿔보세요. 나의 공간 곳곳에 핸드크림을 놓아두는 거죠. 그리고 눈에 보일 때마다 핸드크림을 쭉 짜서 가볍게 마사지까지. 아, 오늘도 치열한 육체노동을 벌이는 손에 고마움을 표하세요.

everyday wellness **rule**

타월 컬러를 쨍하게 바꿔봅니다

21

잠이 덜 깬 아침, 피로가
쌓일 대로 쌓인 밤.
어디서든 비타민 같은
에너지를 얻고 싶어요.
하루의 시작과 끝을
함께하는 욕실에 상큼한
컬러의 타월을 걸어두세요.
레몬색 타월, 토마토색
타월, 라임색 타월이 지친
당신을 깨울 거예요. 물론
무한히 평화로우면서
지치지 않는 욕실
인테리어는 이 컬러 타월
하나로 완성됩니다.

everyday wellness **rule**

22

오늘은
나와
데이트해요

진정한 혼자만의 데이트를 즐겨보세요. 혼자 밥은 먹지만, 여전히 북적거리는 SNS와 접속 중인 반쪽짜리 데이트 말고요. 이젠 물리적으로 혼자 됨을 넘어서서 온라인상으로도 타인과의 뉴런을 잠시 끊는 시간을 가져보세요. 실제로 스탠퍼드대학의 연구에 따르면 SNS을 끊으면 심리치료와 같은 효과를 40퍼센트까지 얻는다고 해요. 타인과 잠시 떨어져 능동적으로 혼자 됨을 즐겨보세요. 남이 좋아하는 것이 아닌 내가 좋아하는 것을 먹고, 보고, 즐기는 시간을 가져보세요. 그 혼자만의 육체적, 심리적 가벼움이 내일의 나를 변화시킬 거예요.

everyday wellness **rule**

23

좋아하는 것들로만 이뤄진 작은, 아주 작은 공간을 만들어보세요. 책장 위 한구석도 좋고, 서랍 한 칸도 좋아요. 스스로가 소중하게 여기는 것은 주로 우리와 닮아 있죠. 그래서 말로는 설명하기 힘든, 때로는 자신조차 알아채지 못하는 우리의 세세한 성격을 그 물건들이 말해주죠. 얼마나 내가 사랑스러운지 그 작은 공간을 마주할 때마다 느낄 수 있을 거예요.

좋아하는 것을 모아두는
나만의 쇼윈도를 꾸며요

버리기 바구니를 만들어요,
그리고 하루에 하나씩 버려요

everyday wellness **rule**

버리다 보면 깨닫는 게 많습니다. 불필요한 걸 참 많이 샀다는 깨달음이 첫 번째. 다신 이런 건 사지 말아야지 하는 깨달음이 두 번째. 그리고 선명해집니다. 자신에게 기쁨을 주는 물건은 무엇인지. 버리기 바구니는 무조건 미니멀리스트가 되라고 외치는 수단이 아닙니다. 불필요한 것과 꼭 필요한 것을 분리해야무진 삶에 다가가는 방식이죠. 인생은 물욕과 사이좋게 지낼수록 행복해집니다. 미니멀리스트로 사는 것만이 정답은 아니잖아요. 가져야 할 것과 버려야 할 것, 필요한 것과 불필요한 것, 평생 함께할 것과 그렇지 않은 것을 깨닫는 과정이 행복한 삶 아닌가 싶어요. 그걸 조금씩 알려주는 선생님이 바로 '버리기 바구니'라는 작은 존재입니다. 현관 앞에 놓인 이 물건의 조언이 듣고 싶어서라도 '하루에 하나 버릴 물건 찾기'는 꾸준히 근육을 붙여가야 할 습관이죠. 덤으로, 매일 하나씩 버리다 보면 집 안이 점점 환해지는 효과도 있어요! 그래서 버리는 게 있어야 버는 게 있다고 하겠죠.

everyday wellness **rule**

@sibatable

똑같은 행동을 매일매일 100일간 해봅니다

25

100일. 석 달 하고도 열흘. 그동안 하나의 행동을 반복해봅니다. 어떤 행동이든 괜찮습니다. '하루에 하나 버리기', '하루 2리터 물 마시기', '한 문장씩 필사하기'. 영국 필리파 랠리 교수 연구팀의 발표에 따르면 새로운 행동이 자신의 습관이 되는 데에는 평균적으로 66일의 시간이 필요하다고 해요. 그렇다면 100일은 습관을 넘어 충분히 어떤 '현상'을 불러일으킬 수 있는 시간이죠. 음식에 캐릭터와 스토리를 얹는 민경진 @sibatable 님은 '꾸준히 할 거리를 찾자'는 목표 하나로 매일 인스타그램에 요리를 올렸습니다. 이것이 인기를 끌어 푸드 아티스트로서의 새 삶을 펼쳐나가게 되었죠. 누군가는 블로그에 100일 동안 하고 싶은 일을 기록했는데, 100일이 지나고 진짜 하고 싶은 것이 선명하게 보였다고 해요. 말하자면 100일의 기적. 또 누가 알아요. 우리의 인생도 100일 후 새 길을 맞이할지!

everyday wellness **rule**

오늘도 즐길 수 있는 만큼 조금만 합니다 26

아무리 몸에 좋은 운동이라도 억지로 해야 한다면 스트레스 지수가 높아 문제가 돼요. '매일, 운동'의 기본은 '매일, 즐거움'에 있어요. 그러기 위해선 나와 맞는 운동을 골라야겠죠. 즐길 수 없다면 매일매일은 꿈도 못 꿔요. 운동도 궁합이 있습니다. 인연을 찾아보세요. 음악을 들으면서 걷든, 아이돌 댄스를 따라 하든! 재미를 붙일 수 있는 걸 매일 조금씩 합니다.

우리는 운동 권하는 사회에 살고 있습니다. 전문가들은 일주일에 적어도 150분간 운동하라고 하죠. 마치 할당량을 정해놓은 지도자처럼 말이에요. 하지만 운동은 아무리 시간이 적더라도 안 하는 것보다 하는 게 낫습니다. 그러니 운동 시간이 적다고 자책하지 말아요. 5분도 좋고 10분도 좋아요. 신나면 저절로 적응하고, 점점 더 많은 시간을 원하는 게 우리 몸이니까, 몸이 다 알아서 할 겁니다.

하루 한 끼 비거니스트가 돼요

27

내 몸은 내가 먹는 것들의 총합입니다. 먹는 습관을 바꾸는 건 내 몸을 통째로 갈아엎는 것과 같죠. 그러니 건강한 식재료로 내 몸을 채우는 것, 적어도 하루 한 번은 꼭 실천해봐요. 특별히 그 한 끼는 비거니스트로 살아봅니다. 채소 곡물 샐러드도 좋고 과일이나 채소를 통째로 먹어도 좋아요. 최소의 양념으로 최대한 조리하지 않고 먹는 것에 익숙해지면 채소 본연의 맛을 느끼는 최고의 경지에 이르게 되죠. 내 몸이 뭐든 키워낼 수 있는 싱싱한 밭이 되는 거예요. 물론 채식 한 끼로 비거니스트가 될 순 없습니다. 하지만 '철학적 비건'에 가까이 가는 건 우리가 지향해야 하는 목적지입니다. 그 출발점은 모든 생명과 동물권을 보호하고 지구 환경에 미치는 영향에 대해 자각하는 것!

나만의 **산책로를** 걷습니다

길 위의 아지트, 나만의
산책로가 있나요?
슈퍼마켓을 갈 때,
반려견을 산책시킬 때,
출퇴근할 때……
나만의 길로 가보아요.
잠깐 돌아가면 어때요.
보고 싶은 것, 맡고 싶은
향, 앉고 싶은 의자가 있는
길을 만들어보는 거죠.
그 길에 나만의 '친구
나무'를 정해두고, 매일
인사를 나누는 건
정말 멋진 일입니다.
천천히 걸어요.

나를 쏙 빼닮은 애착
텀블러를 들고 다녀요

모든 것이 휴대폰 속에 들어 있는 지금, 나를 표현할 무언가가 있나요? 텀블러는 내가 어떤 사람인지 쓸모와 디자인으로 표현하는 물건 중 하나예요. 디자인과 컬러, 용량 그리고 그립감까지 꼼꼼히 살펴가며 자신을 꼭 빼닮은 텀블러를 골라보세요. 환경오염을 줄이는 기능 외에도 작고 탄탄한 텀블러가 갖는 의미는 커요. 지갑도, 시계도, 심지어 가방도 필요 없는 시대에 텀블러가 손의 빈자리를 차지하게 해주세요. 실은 지갑보다 시계보다 인간에게 더 필요했던 건 요 **텀블러**였을지도!

29

everyday wellness **rule**

좋아하는 물건과
함께 외출합니다

애착 키링처럼 여겨 매일 함께 길을 나서야 하는 당신의 물건은 무엇인가요? 순간의 기억을 손 글씨로 남길 작은 수첩? 피부에 '착붙'인 인생 쿠션? 없으면 기분마저 다운되는 친구 같은 물건과 함께 외출해요. 그 물건이 사소하든 말든 그런 건 중요하지 않아요. 사람은 은근 연약한 존재여서 자신의 공간을 떠나 새로운 곳으로 갈 때 크고 작은 거부감 같은 걸 느낀다고 해요. 그럴 때 자신의 맘을 알아주는 오래된 물건이 곁에 있음 안정이 돼죠. 기분도 좋아지고요.

한 동네에서 심적으로 가까운 관계를 맺어보세요. 물론 너무 가까워서 모든 것을 공유해야만 할 것 같은 깊은 관계 말고, 가볍게 안부를 묻고 나의 취향을 기억해주는 경쾌한 관계를 동네에서 맺어보세요. 가장 쉬운 방법은 동네 단골 가게를 만드는 거예요. 매번 가다 보면 주인과 한두 마디 인사를 나누게 되고, 또 주인은 내가 뭘 좋아하는지도 자연스레 알게 되죠. 그 적당한 관계에서 비롯되는 친절과 친밀, 그거면 동네 생활의 기쁨 완성이죠. 이것으로 끝이 아닙니다. 가족이나 친한 친구가 줄 수 없는 새로운 정보, 의외의 조언과 혜안이 날 바른 길로 이끌곤 합니다. 사회학자 마크 그라노베터가 이야기한 '약한 연결고리 weak ties'의 강한 힘이 발휘되는 거죠.

동네 **단골 가게**에
들릅니다

Wellness is that everyday healthy and at the same

the belief life should be enjoyable time.

웰니스는 우리의 일상이 건강하고 동시에 즐거워야 한다는 믿음입니다. _amuse

Wellness is a Bold Journey of Self-Discovery, Self-Care, and Self-Love.

웰니스란 자기 발견, 자기 돌봄, 그리고 자기 사랑의 여정입니다.
_stickher

everyday wellness **definition**

Wellness is when our body, emotions, and relationships -all the things around us- are evenly balanced.

웰니스란 몸과 생각, 일상과 같이 매일 나와 함께하는 모든 것들이 균형을 이룬 상태입니다.
_amuse

everyday wellness **definition**

Wellness is The Small Habits and Rules That Fill Each Day. It's The Perfect Magic That Makes us Shine.

헬나스탄 하루를 채우는 작은 습관과 수집. 먼지 나지 않는 평범한 마당입니다. _stickher

everyday wellness **rule**

32

하루의 마지막 따뜻한 물에 샤워하면 온몸이 노곤해지며 기분이 좋아져요. 하지만 몸과 피부에 높은 온도의 물은 사실상 좋지 않아요. 행복한 이 마음을 유지하면서 내 몸에도 좋은 샤워법이 있다면 기꺼이 타협해야겠죠. 단 1도만 물 온도를 낮춰보는 거예요. 그렇게 주기적으로 1도씩 낮추면서 몸과 마음 모두에게 안식을 주는 이상적 온도를 찾아내는 거죠. 샤워 시간이 더욱 환상적으로 바뀔 거예요.

33

하루 딱 1시간
휴대폰을 접어둬요

그게 무슨 대수라고……? 근데 대수죠. 대수입니다. '의식적으로' 멀리하지 않는다면, 절대 멀어질 수 없는 존재니까요. 우리는 대부분 알게 모르게 노모포비아 no mobile-phone phobia에 시달리고 있다고 해요. 휴대폰이 없으면 불안함을 느끼는 '휴대폰 분리 불안증' 말이에요. 잠들기 1시간 전, 이른 새벽 1시간, 점심에 1시간만이라도 휴대폰이란 문명의 이기와 거리를 두세요. 방해금지 모드 버튼 하나면 충분합니다. 시간을 정해 '의식적'으로 해요. 그래야 씨실과 날실처럼 엮인 휴대폰과의 일상 연대에 균열이 일어납니다. 그 틈 안으로 하늘이, 바람이, 소설이, 시가, 음악이 비집고 들어와요.

34

1시간마다 울리는
스트레칭 알람을 설정해요

고약한 방법이지만 이렇게라도 하지 않으면 우리가 엉덩이를 의자에서 뗄 방법이 있을까요? 정신과 몸을 깨우는 스트레칭 알람을 설정하고, 잠시 일어나 몸을 비틀어보세요. 휴대폰, 컴퓨터 사용으로 거북목과 어깨, 허리 뭉침에 시달리는 사람이라면 무조건! 혈액순환이 되면서 근육 이완이 되니 통증이 예방되거나 확 줄어요. 효과는 정말 확실한데도 꾸준히 실천하긴 어려운 습관. 누가 보면 살짝 민망하기도 하죠. 하지만 아무 고민도 생각도 하지 말고, 알람이 울리는 동시에 바로 행동하세요. 무엇이라도 시작하기, 그리고 생각하지 말고 반복하기, 이게 습관을 만드는 최적의 툴입니다.

everyday wellness **rule**

우리 몸에서 어쩌면 **가장 무심했을지도 모를 곳도** 가볍게 다독여줘요

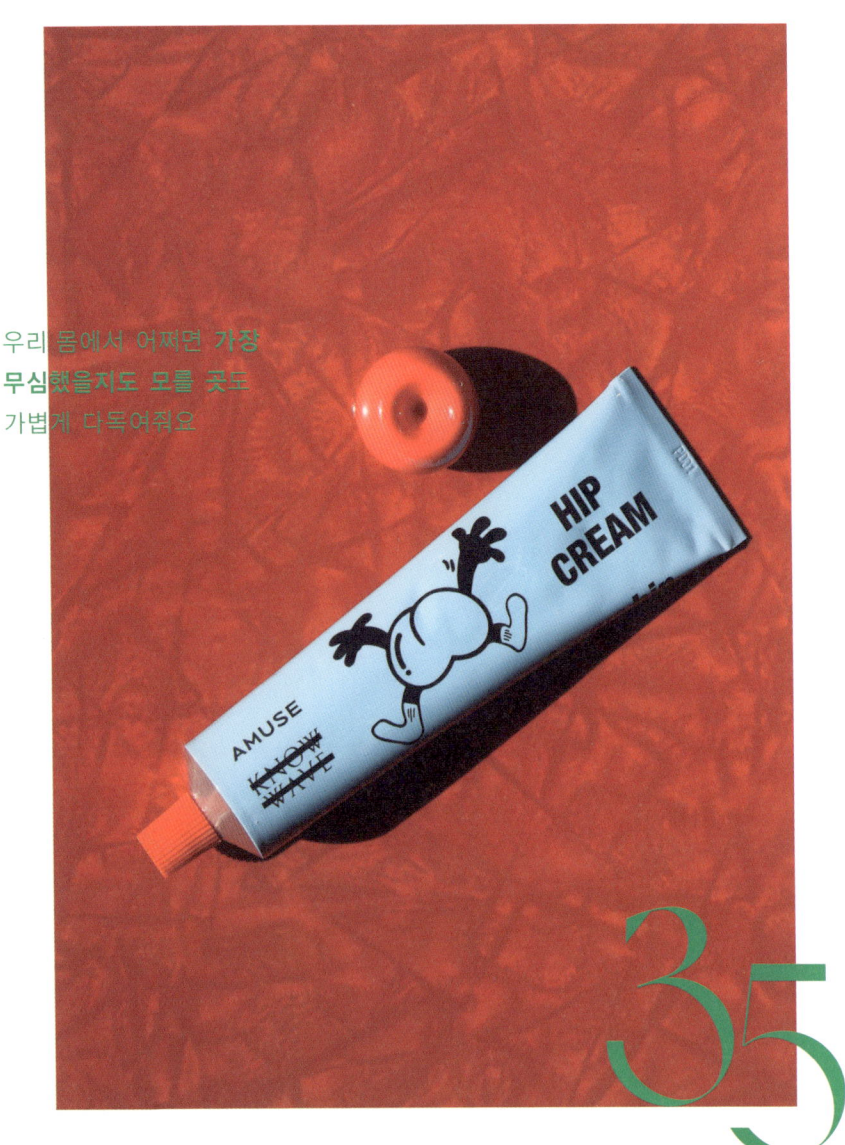

35

우리 몸에서 가장 음지인 곳은 어디일까요? 각질이 차곡차곡 쌓이는 발뒤꿈치, 칙칙하고 축축 처지는 엉덩이, 점점 거뭇거뭇해지는 팔꿈치. 그러고 보니 눈에 잘 안 보인다는 이유로 우리 몸의 뒷부분이 관심의 햇살을 덜 받았네요. 오늘은 몸 뒤쪽을 봐주세요. 특히 엉덩이는 말이죠, 다른 신체 부위에 비해 관리를 덜하게 되는 곳이에요. 무심코 지나치게 된다고나 할까요. 오늘은 엉덩이 크림을 잔뜩 발라 몽실몽실 마사지를 해주세요. 오랜만에 마주친 내 엉덩이에게 반갑게 손 인사!

36

운동화를 바꿔요 그리고 **걸어요**

운동화를 바꾼다고 열심히 걸을까요? 적어도 운동을 망설였거나 미뤄왔던 이에겐 틀림없이 출발의 신호탄이 될 겁니다. 기왕이면 맘에 쏙 드는 밝은색 운동화를 구입하세요. 볼 때마다 신고 싶어 안달이 날 디자인으로요. 꾸준히 걷기 위한 용도니까 가볍고 발이 편한 건 기본이고요. 여기에 컬러 양말까지 더하면 에너지 완충! 좋은 구두가 날 좋은 곳으로 데려다준다는 말처럼, 좋은 운동화는 우리를 건강한 곳으로 데려다줄 겁니다.

everyday wellness **rule**

모든 걸 잊고   20분의 낮잠 타임을   누리세요

오후 3시 이전에 딱 20분만 낮잠을 즐겨보세요. 생각보다 많은 에너지가 충전되면서, 하루가 두 번 시작되는 기분을 느낄 수 있을 거예요. 뜨겁게 들끓던 뇌를 식히고 나면, 좀 더 또렷한 정신으로 오후 시간을 보낼 수 있습니다. 바쁜 일상에서 항상 낮잠을 자는 건 불가능해요. 하지만 컨디션이 다운되고 집중력이 흐려졌다면! 시도해봐요. 나사NASA의 연구에 따르면 이 파워 냅으로 주의력은 최대 54퍼센트, 업무 능력은 34퍼센트나 나아진다고 해요. 물론 알람을 맞춰두고 최대한 편안한 장소에서 눈을 가리고 잠을 청해보세요. 3개월만 훈련하면 자연스럽게 20분간의 짧은 휴식을 만끽할 수 있을 거예요.

38

좋아하는 책을 다시 읽습니다

한 번 읽은 책은 다시 안 보게 되는 경우가 많아요. 요즘처럼 새로운 콘텐츠가 쏟아져 나올 땐 같은 지점에 머무는 것 자체가 '덜 발전적'으로 느껴지니까요. 하지만 이것은 우리가 흔히 겪는 오류입니다. 책을 한 번만 읽고 저자가 심어둔 보물들을 다 발견하기란 불가능해요. 어떤 지식이든 자기 것이 되어야 진정한 힘을 발휘하죠. 다시 읽으면 읽을수록 묻혀 있던 작가의 철학과 진심이 지면 위로 떠오릅니다. 그리고 반복이 거듭될수록 뇌에 중요한 아이디어와 깨달음이 새겨집니다. 그때부터 행동과 실천이 따르는 게 일반적이죠. 다시 읽기, 그 행동은 연습과 전략이 필요해요. 평소 좋아하던 책을 책장에서 꺼내요. 그리고 눈에 잘 띄는 곳에 두세요. 꼭꼭 씹어 다시 읽기 위한 준비는 이걸로 충분해요.

everyday wellness **rule**

일정한 시간에
잠자리에
듭니다

양보다 질이 중요한 게 인생엔 참 많습니다. 그중 하나가 바로 '잠'이죠. 질 좋은 수면을 위해 명심해야 할 건 같은 시간에 잠자리에 드는 노력입니다. 압니다. 우리가 얼마나 바쁜데요? 끝내지 못한 숙제처럼 머리 끄트머리에 매달린 투두리스트to do list가 잠자리에 드는 걸 방해합니다. 그래도 과감하게 침대 속으로 '풍덩' 뛰어들어야만 합니다. 들쭉날쭉한 잠자리는 끔찍한 불면과 질 낮은 수면으로 이어지죠. 이 사실을 알면서도 지키지 않는 건 지뢰밭인 걸 알면서 그 길을 지나는 바보 같은 짓입니다. 일정한 시간에 잠자리에 들어요. 우리.
필요하다면 잠자리 들기 의식 같은 걸 해보세요. 잠자는 시간을 정하고, 15분 전에 잠옷을 갈아입고, 미지근한 물을 한 컵 준비하고, 손과 발에 크림을 바르고, 휴대폰은 저 멀리 충전기에 꽂아두는 거죠.

40

예쁜 속옷을
입어요

아름다움의 기준이 나를 향할 때 그 만족감은 말로 표현할 수 없죠. 세상과 나의 첫 경계인 속옷에 얼마나 신경 쓰고 있나요? 때로는 겉옷보다 더 과감한 컬러와 디테일의 속옷을 골라보세요. 그야말로 '예쁨'이라는 단어가 착 달라붙는 속옷 말이죠. 한 사회학자의 연구에 의하면 많은 여성들이 멋진 속옷을 입을 때 '도전 정신'을 찾곤 한대요. 또 스스로 매력적이라 여기게 된다는 거예요. 마치 지루한 일상에서 발견한 파워풀한 에너지 드링크 같은 옷이 바로 속옷이라는 겁니다. 예쁜 속옷이 옷장에 걸려 있는 것만으로도, 스스로를 아껴주는 마음에 저절로 미소가 지어질 거예요.

거울 속의 내 몸을 얼마나 자주 보시나요? 생각보다 거울과 친하지 않은 사람이 많아요. 샤워 전 거울에 비친 내 몸을 찬찬히 들여다보는 건, 나와 친해지기 위한 행위입니다. 화려한 치장을 거둬낸 내 몸은 너무나 솔직해서 많은 얘기를 건넵니다. 너무 돌보지 않고 내버려둔 건 아닌지, 거울에 비친 이 본연의 모습을 버리고 가식적으로 살진 않았는지, 내가 아닌 남의 의견에 휘둘리진 않았는지…… 몸과 대화를 나누는 겁니다. 혹시 단점이 먼저 보이나요? 노노노! 나의 단점을 찾기 위해 거울을 보는 것이 아니에요. 그냥 나랑 대화를 하는 겁니다. 나에게 가장 솔직한 나. 거울 앞에서 만나게 됩니다. 세상을 살면서, 지금의 나를 아는 것만큼 중요한 게 또 있을까요? 이젠 의식적으로라도 거울을 보는 겁니다. 기억하세요. 여러분은 두 다리를 내딛고 서 있는 당당하고 멋진 이 몸의 주인공이라는 사실을요.

샤워 전 찬찬히
거울을 보세요

41

everyday wellness **rule**

36색 펜과

42

스케치북을 사요

평소 무채색의 세상에 살고 있진 않나요. 흰색, 회색, 검은색이 주를 이룬 옷장과 사무실, 집 안에 활기가 필요해요. 그러려면 나 자신이 색과 가까워져야 해요. 형형색색의 36색 펜 뚜껑을 열어 흰색 스케치북 위에 좋아하는 색들을 칠해보아요. 분명히 내 안에 잠재되어 있던 색 감각이 살아날 거예요.
어떤 색을 좋아하고, 어떤 색끼리의 조합을 좋아하는지 알게 되면 주변의 색들도 틀림없이 환하게 변화할 거예요.

everyday wellness **rule**

43

야금야금
365일
여행을 준비해요

여행이란 참 신비롭습니다. 떠나기 전, 정확히는 떠날 준비를 하는 순간부터 행복이 차오르죠. 숙소, 가져갈 책, 챙길 옷, 즐길 곳, 여행의 풍미를 끌어올릴 사소한 것들까지 기록하고 디깅하는 과정이 그렇습니다. 천천히 차근차근 야금야금. 그 전 과정이 진정한 여행이고, 우리의 여행은 이미 그렇게 시작된 겁니다. 헤르만 헤세가 그랬습니다. '여행을 떠날 각오가 되어 있는 사람만이 자기를 묶고 있는 속박에서 벗어날 수 있다.' 벗어나요, 우리, 속박에서.

everyday wellness **rule**

흰색 A4용지 대신
핑크색 용지를 사용해요

인생엔 가끔 작은 일탈이 필요하죠. 하얀 서류 더미 속에서 툭 삐져나온 도발적인 핫핑크색 서류. 그저 프린트 용지 하나 바꿨을 뿐인데 읽기 싫었던 서류조차 재밌게 만들어줍니다. 아, 다음에는 또 어떤 일탈을 해볼까요?

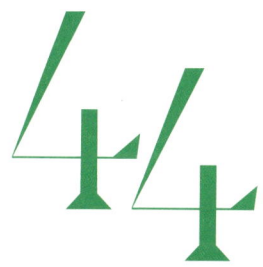

everyday wellness **rule**

우리는 모두 한때 반짝이던 시절을 보냈죠. 살다 보니 찌든 때가 곳곳에 묻어서 순수한 빛을 내던 그 시절을 잊어버려요. 나를 잘 기억하는 어릴 적 친구와 연락해보세요. 그들의 한마디에 우린 찬란했던 그 시절로 돌아갈 수 있어요. 친구란 스스로 웃지 못할 때 나에게 웃음을 주는 존재래요. 어린 시절의 나를 다정하게 소환해준 친구 덕분에 마음에 웃음이 자랍니다. 어찌 보면 그때의 나와 지금의 나는 다른 사람이 아니에요. 우리는 여전히, 변함없이 소중해요.

나의 어린 시절을 아는 친구와 연락해요

everyday wellness **rule**

46

집에선 **멋진 홈웨어**를 입어요

나 자신을 사랑하는 많은 일 중에 가장 멋진 건, 나만 보는 나를 소중하게 대하는 거죠. 아껴둔 캐릭터 티셔츠 몇 장을 '집의 옷'으로 정하세요. 질 좋은 순면 홈웨어 세트를 장만하고, 빛바랜 잠옷 대신 새 잠옷을 갖추는 것. 치열했던 바깥세상의 공기를 털어내고 청정한 '집의 옷' 속으로 스며드세요. 작가 무라카미 하루키는 '옷이 문제와 같다'고 했죠. 그렇다면 이제 집에서만큼은 단정하고 반듯한 문제를 갖게 될 거예요.

애써서 하는 일은 오래가지 않습니다. 큰돈을 사회에 기부하는 건 아주 아름답지만 애써 하는 큰일이라 엄두가 안 나요. 숨쉬기처럼 자연스럽게 누군가를 도울 수 있다면 좋겠네요. 하루 1000원씩 저금하는 것, 소소하게 말입니다. 하루에 1000원, 한 달이면 3만 원, 일 년이면 36만 원. 크다면 크고 작다면 작은 돈이지만 매월 기부 단체에 자동이체하기엔 충분한 돈이에요. 수많은 습관 중에 기부하는 습관이라니. 스스로를 칭찬해도 좋습니다.

누군가를 위해 **하루 1000원씩 저금**합니다

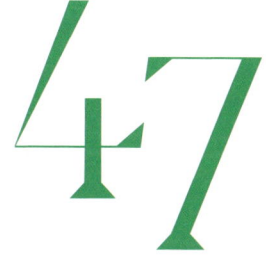

everyday wellness **rule**

작은 성공이라도  크게 축하해요

48

작은 성공, 그로 인한 성취감은 더 큰 성공을 향한 순풍이 됩니다. 그래서 우리가 정한 목표를 이루었다면 그걸 뇌 속에 각인시켜야만 해요. 우리의 뇌는 강렬한 것만 남기고 소소한 것들은 다 털어내버려요. 작은 성공을 맘속으로 잠깐 기뻐하고 말면, 그 기억은 단기 저장소에 있다가 사라지고 말죠. 그래서 일상 속 성공을 자축해야 해요. 오감을 동원해서 말이죠.

오늘 물 2리터 마시기에 성공했나요? 10분 일찍 일어나기는요? 이제부터 이런 일상의 작은 승리를 크게 자축하세요. 작은 승리를 축하하는 것은 우리 자신이 얼마나 놀라운 사람인지 알아차리는 방법의 하나이기도 해요. 소소한 성공이라도 크게 축하하면 '영원히' 기억됩니다. 뇌 속에 장기 저장된 성취감은 우리를 앞으로 나아가게 하는 시원한 바람이라는 걸 잊지 마세요. 어떤 큰 목표를 이루고자 할 때, 이 작은 성취의 기억들이 깨어나 당신의 어깨를 두드리고 허리를 곧추세워줄 거예요.

자, 이제 축하의 시간을 가져요. 작은 컵케이크에 초 하나를 꽂아놓는 건 어때요? 스스로를 뜨겁게 축하해요.

everyday wellness rule

메일함을 정리합니다

49

　　　　　　　　　　　　오프라인만큼이나 온라인 속 내 공간의 청소도
중요합니다. 맘먹고 앉아서 온라인 대청소를 해보세요. 메일함을 탈탈 털어 쓸모
있는 메일과 쓸모없는 메일을 분리수거해보세요. 휴지통도 말끔히 비우고요. 좀 더
　　　　　　　　　　　　　마음이 내키면 컴퓨터 하드도 정리해보세요. 사실 컴퓨터는 자동차처럼
연기를 내뿜지 않기 때문에 무언가를 태워 움직인다는 것을 깨닫지 못할 뿐, 수많은 메일과 파일을
 이고 지고 사느라 꽤 많은 에너지를 쓰고 있어요. '설레지 않으면 버려라'라는 곤도
마리에의 말은 비단 오프라인에만 해당하지 않습니다. 설레지 않은 문서와 사진은
과감하게 삭제! 후, 온라인 청소만으로도 제법 개운하죠?

everyday wellness **rule**

50

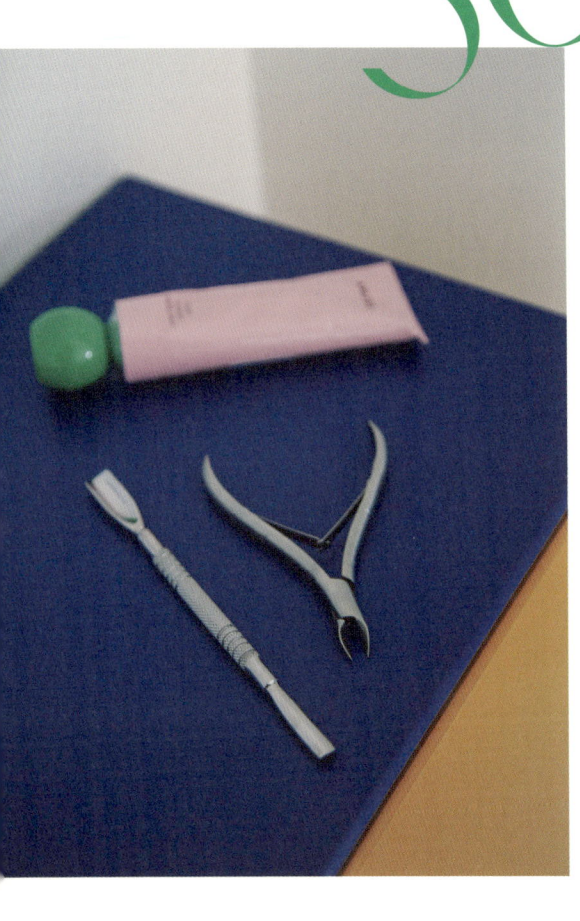

손톱 발톱을 관리해요

말끔한 손톱 발톱을 유지하면 스스로 귀하게 대접받는 느낌이 듭니다. 밤마다 각질이 올라오진 않았는지, 다듬을 곳은 없는지 살피세요. 어떤 날은 길이를 정리하고 큐티클도 살살 다듬으며 항상 관심을 기울이고 오일이나 크림을 골고루 발라주는 것만으로도 충분하답니다. 티 나게 멋 부리는 것도 좋지만, 이렇게 티 안 나게 꾸미는 것도 참 좋아요. 이게 바로 철든 멋 부림, 아닐까 싶네요.

나만의 책상에 앉아요

온전히 나 자신에게 말을 걸고 싶을 땐 나만의 책상이 필요합니다. 작아도 낡아도 상관없지만, 그곳은 내 것이어야 해요. 나의 체취로만 채워진 책상은 꿈을 향해 나가는 범선과도 같아요. 그곳에서 읽는 책은 꿈을 좇는 바람이 되고, 그곳에서 쓰는 글은 꿈을 이룰 마법이 돼줄 거예요.

51

everyday wellness　**rule**

즐겨찾기 목록에
　　　롤모델의 SNS를 모아요

52

앞서가는 사람의 행동은 우리에게 이정표가 돼요. 누구는 반듯함과 꾸준함으로, 누구는 깊은 철학으로, 누군가는 거침없는 사회 활동으로, 누군가는 유쾌한 언어와 건강한 정신으로 우리의 마음에 존경심을 길어 올리죠. 그들의 행동과 말은 어깨에 내려앉아 우리를 위로하고 응원합니다. 손뼉 치며 따르고 싶은 사람이라면 나이와 성별은 상관없어요. 사람은 누구나 다른 사람과 자신을 겹쳐 보는 '공감'이라는 심리적 본능이 있습니다. 호감이 있으면 자연스레 그 사람과 나 사이에 공통점을 찾고 점차 같은 방향으로 가고자 합니다. 감정이입 세포인 '거울 뉴런'이 우리를 그렇게 만드는 거죠. 어떤 대상에 관심을 가질 때 활발해지는 이 세포의 힘으로 우리는 좀 더 나은 내가 될 수 있어요. 롤모델과 공감하는 건 삶의 긍정 효과를 끌어올리는 방식이니까요. 그런 의미에서 닮고 싶은 사람이 있다는 것 자체가 행복한 일입니다.

everyday wellness **rule**

아침에 눈뜨면
개운하게 침구를

정리합니다

하루의 시작. 애써서 할 일을 찾아 할 필요는 없습니다. 그저 자연스럽게 몸에 익은 행동을 예전보다 '각' 잡고 해보는 겁니다. 그중 만족도가 가장 높은 것이 방금 내가 누워 있던 침대를 정리하는 거죠. 매트리스에 밴 체온이 식기 전, 그러니까 일어나자마자 바로 비뚤어진 베개를 바르게 놓고, 두 팔 벌려 이불을 털어 일자로 펴놓는 겁니다. 양팔을 공중에 휘저을 땐, 덤으로 숨을 크게 쉬어보세요. 정신이 번쩍 들 거예요. 호텔 베딩처럼 완벽하게 각 잡으려 하지 마세요. 살짝 각 잡기, 그 정도면 충분합니다. 1분도 안 되는 짧은 수고는 일과를 마치고 귀가했을 때 보상으로 돌아옵니다. 단정한 침대가 이렇게 당신을 맞이할 겁니다. "웰컴 백, 오늘도 수고했어요." 당신, 귀하게 대접받고 있군요.

everyday wellness **rule**

54

매일 같은 시간 체중계에 올라요

간단한 이 행동이 그리 쉽지만은 않음을 우린 모두 알고 있어요. 공복에 순수한 나의 몸무게를 재는 것, 3초라는 그 짧은 순간, 그래서 나의 몸과 건강을 관리하는 세상에서 가장 간단하고 쉬운 행동이라고 하나 봐요. 그런데도 매일 같은 시간에 하루도 '빠짐없이' 체중계에 오르는 건, 주말마다 산봉우리 하나씩 격파하는 것만큼 꾸준히 지키기 어려워요. 일단 단단한 성실함과 잔잔한 평정심 없이는 안 돼요. 체중계에 오른다는 것 자체가 참 부담스럽거든요. 밤새 늘었을지도 모르는 지방 몇십 그램에 느낄 절망과 불쾌함을 우린 잘 알고 있으니까요. 그래서 제일 중요한 건, 몸무게 몇 그램에 일희일비하지 않는 굳건한 마음가짐이에요.

'그냥, 오늘의 나를 알아본다'는 맘으로 체중계에 몸을 싣는 거예요. 신기한 건, 이 행위가 과식, 야식, 과체중으로 가는 길을 막아서는 최고의 심리적 장애물이 된다는 사실이에요.

아, 될 수 있으면 아침 공복에 몸무게를 재세요. 공복 시간이 길어 하루 중 가장 순수한 몸무게이기도 하고, 시간을 지키기에도 가장 쉬우니까요.

everyday wellness **rule**

55

멀티태스킹이 아닌
모노태스킹의 시간을 가져요

'바쁨은 관습적인 일을 할 때를 제외하면 삶을 거의 의식하지 않은 기운 없고 진부한 사람들의 특징'. 바쁨을 예찬하는 요즘 시대에 '지킬 박사와 하이드'의 작가인 로버트 루이스 스티븐슨이 내린 바쁨의 정의는 명치를 훅 찌릅니다. 바쁘게 모든 일을 처리하는 멀티태스킹 시간을 이젠 하나의 일에 집중하는 모노태스킹 시간으로 바꿔보세요. 바쁘지 않아도 됩니다. 오히려 느긋하게 한 가지 일에 집중해보세요. 삶을 의식하고, 활력 있고, 또 진부가 아닌 진보적인 사람이 되어보세요.

56

자기 전 1시간,
아무것도 치우지 않습니다

밤은 낮에 잃은 것을 돌려받는 기회의 시간입니다. 분주한 갈등의 시간을 거둬내고 평안한 충전의 시간을 보장받아야만 해요. 내일의 충만함은 오늘 밤의 비움으로 가능하죠. 그러기 위해서는 적어도 밤의 1시간은 텅텅 비워야 해요. 잠자리에 들기 전 시간이라면 더욱 좋겠죠. 모든 걸 비워 채움이 가능한 몸으로 잠이 들 테니까요. 테이블 위 와인잔이 눈에 거슬린다 해도 치우지 마세요. 그 1시간 동안은 아무것도 하지 마세요. 이런 습관이 반복되면 자기 직전까지 주변을 정리하고, 일과 일상의 고민으로 머리를 어지럽히던 과거와 안녕을 고할 수 있을 거예요.

everyday wellness **rule**

57

매일 아침 올리브유 한 스푼을 먹어요

몸의 모든 기관이 깨어나는 아침, 제일 먼저 뭘 먹느냐에 따라 그날의 컨디션이 결정돼요. 아침 루틴으로 공복에 엑스트라버진올리브유 한 스푼 먹기를 실천해보세요. 신체 기관이 하루 종일 원활하게 작동하는 데 올리브유만큼 효능이 탁월한 음식도 없어요. 꾸준히 하면 다이어트 효과뿐 아니라 면역체계를 강화해주는 효과도 있어요. 그래서 올리브유는 자연 항생제, 항산화제로 불리죠. 기억해두세요. 이젠 눈뜨자마자, 스푼 들고, 올리브유 한 스푼!

나 자신을 대하는 태도가
남을 대하는 태도를
결정합니다. 자신에게 좀
더 살가운 몸짓을
해보세요. 스스로 머리를
쓰다듬고, 어깨를 툭툭
쳐주세요. 어여쁜 빗을
준비해 하루에 한 번 정도,
몇 분이라도 정성스레
머리를 빗어보세요.
나를 향한 그 친절한
행동이 앞으로 어떤
변화를 일으키는지
지켜보세요. 생각보다
놀라게 될 거예요.

58

고운 빗으로 머리를
천천히 **빗어요**

everyday wellness **rule**

하루 한 번,
구름을
보며 멍때려요

59

혹시 바늘구멍만 한 여유 하나 없는 답답한 일상에 갇혀버렸다고 느끼나요? 거품 빠진 탄산수처럼 따분하고 시시한 날들이 계속된다고 느끼나요? 시시한 생각은 계속 시시한 생각을 낳아요. 그래서 그 늪에 빠지지 않도록 예방하는 게 중요합니다. 특급 처방은 문을 젖히고 나가 하늘을 보는 겁니다. 그리고 찬찬히 나만의 구름을 찾아보는 거예요. 멍하니 매일 자신의 구름을 찾아요. 그리고 상상을 더해 하늘에 그림을 그려요. 그러면 구름은 천사로, 악어로, 강아지로 변신해요. 남들과 다르게 세상을 보는 기적이 일어난 거죠. 아, 고개를 들어 하늘을 한 번 보세요. 세상은 어떻게 바라보느냐에 따라 달리 보인다는 말을 가슴에 새기면서요. 비가 오면, 날이 흐리면 어떻게 하냐고요? 그래도 하늘을 보세요. 구름 대신 다른 걸 발견하게 될 테니까요.

everyday wellness   **rule**

쉬는 날에는

속옷으로부터 자유로워지장

살다 보면 참 많은 것이
우리를 숨 막히게 옭아맬 때가 있어요. 회사, 친구, 가족 모두 내 맘 같지 않을 때, 아무도
찾지 못할 곳으로 떠나고 싶다는 생각에 사로잡히게 되죠. 당장 어찌할 수 없는 일이
한가득일지라도, 내 몸 하나는 스스로 결정할 수 있다는 점에 안도의 숨을 내쉴 수 있어요.
내 몸부터 답답함을 털어보자고요. 일주일 내내 내 몸을 옥죄었던 속옷을 입지 않는 날을
가져보는 거예요. 그 순간 평소보다 고른 숨을 쉬는 나 자신과 마주하게 될 겁니다.

everyday wellness **rule**

일기 대신
메모를 남겨요

기록하는 자만이
살아남는다는 얘기가
있죠. 거창한 일기는
부담스럽지만, 오늘 나에게
던지는 짧은 메모 한
토막은 어떤가요? 물론
짧은 메모일지라도 우리의
감각은 불을 켜야 할지도
몰라요. 오늘 점심 식사는
어땠지? 오늘 들은 노래
중에는 뭐가 좋았지?
관찰과 관심이 이 메모의
목적이니까요.

62

카페인 없는 헬시 플레저를 찾아보세요

오늘도 커피 외에 옵션을 찾지 못해 '어쩔 수 없이!' 커피를 마시진 않았나요? 자, 이젠 주문대 앞에서 재빠르게 이야기할 수 있는, 카페인 없는 최애 음료를 찾아보세요. '아아' 대신 외칠, 예컨대 '딸기 아사이 레모네이드 리프레셔' 같은 낯설고도 호기심을 자극하는 음료를 찾아보세요. 물론 카페인을 뺀 음료라면 우리의 위도 환영할 거예요.

everyday wellness **rule**

63

비건 화장품을 써요

가치소비란 말은 왠지
거창하게 느껴집니다.
다시 생각해보면
꼭 그렇지만도 않아요.
다른 사람의 의견이 아니라
나의 가치관에 따라 물건을
소비하는 방식이니까요.
나만의 기준에 자신감을
갖기만 하면 됩니다.
적어도 더불어 사는 모든 것에
해를 주지 않는 일.
그 기준을 지향하는 건,
숨 쉬는 일처럼
자연스럽잖아요. 동물성
원료를 사용하지 않고 동물
실험도 하지 않는 비건
화장품처럼, 우리 피부에 닿는
것 또한 그 반듯한 기준에
맞춰보는 것. 그 역시 너무
자연스럽죠.

everyday wellness **rule**

응원의 문장을 하나씩
찾아봅니다

책을 읽다 혹은 노래를 듣다, 혹은 영화를 보다 돌부리처럼 툭 마음을 넘어트리는 문장을 만날 때가 있어요. 그런 문장을 모아 '응원의 문장' 목록을 작성하세요. 생각보다 그 문장을 빨리 잊어버리니 꼭 기록으로 남겨두어야 해요. 그리고 힘들고, 지치고, 이해할 수 없는 일이 생겼을 때 응원의 문장을 마음 깊숙이 심어요. 이보다 더 효과 좋은 치료제는 없을 거예요.

65

everyday wellness **rule**

**'OO해줘서 감사합니다'란
인사를 또박또박 해봐요**

감사는 그 마음이 식기 전에 해야 해요. 감사의 마음은 적극적인 말로 정확하게 표현하는 게 (나에게) 좋습니다. 말하자면, '감사해요'가 아니라 '물을 따라주셔서 감사해요'라고 인사하는 거죠. 네, 처음엔 좀 쑥스러워요. 하지만 다정한 말은 긍정 호르몬을 자극해요. 곧 뇌 속 도파민이 뿜어져 나오죠. 말하기 전엔 모릅니다. 나에게 일어난 일이 얼마나 특별한지, 그리고 감사할 일이 하루 동안 얼마나 많은지. 말로 표현 못한 감사들은, 아주 작은 것이라도 여기 기록해보세요. 마음 속에 기쁨이 차오를 거예요.

everyday wellness **rule**

everyday wellness **rule**

66

**사랑하는 이들의
안부**를 물어요

친구, 부모님…… 바쁘다는 핑계로 사랑하는 이들에게 무심하진 않았나요? 사랑하는 이들에게 더 늦기 전에,
하루에 문자 하나 전송해볼까요? 그 어떤 선물보다 이 관심의 문자 한 통이 더 큰 기쁨을 줄 수 있어요.
날 사랑하는 이들을 더 깊이 사랑하기 위해 질문을 떠올리는 연습부터 해야겠어요.
생각이 나면 바로바로 메모도 해두자고요.

129

everyday wellness **rule**

everyday wellness rule

67

생각 날 때마다
'하고 싶은 걸' 기록합니다

시시때때로 하고 싶은 일, 일명 버킷 리스트를 작성해보세요. 버킷 리스트가 '목에 밧줄을 걸고 올라선 양동이bucket'를 걷어차는 것에서 유래한 말인 걸 알면 이 리스트가 얼마나 죽음과 닿아 있는지를 깨닫게 되죠. 매일 살 것처럼 말고, 내일이라도 죽을 수 있음을 명심하고 하고 싶은 일을 써보세요. 활자가 된 희망은 눈과 머리를 통해 우리 몸을 움직이게 합니다.

everyday wellness **rule**

everyday wellness · **rule**

everyday wellness **rule**

68

나만의 디깅 리스트를
만들어요

관심이 가고 궁금해 수시로 찾아보게 되는 지식, 물건, 장소, 음악, 책, 사람…… 파면 팔수록 마음에 희열이 쌓이고
정신이 집중되는 열정의 대상. 이러한 것들은 나를 새로운 세상으로 인도해요.
요즘 당신은 무엇에 꽂혔나요? 당신의 디깅 리스트를 여기 작성해보세요.

everyday wellness **rule**

everyday wellness **rule**

69

셀프 칭찬을 해요

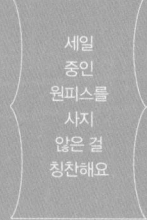
세일 중인 원피스를 사지 않은 걸 칭찬해요

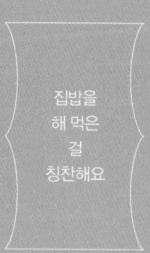
집밥을 해 먹은 걸 칭찬해요

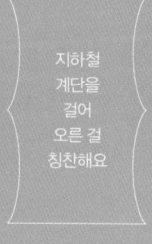
지하철 계단을 걸어 오른 걸 칭찬해요

큰 사건 사고 없이 지나간 하루, 그 안에 무미건조한 내가 있어요. 하지만 오늘을 무탈하게 살아낸 난, 알고 보면 칭찬받아 마땅한 매력덩어리죠. 아무 생각이 한 나의 행동들을 쓱 훑어보자고요. 자기 머리를 쓰다듬을 귀여운 칭찬거리가 반짝 떠오를 거예요. 칭찬은 습관입니다. 하면 할수록 늘죠. 놀라운 것은 칭찬을 자주 받은 우리 몸은 면역력이 강해진다는 겁니다. 차라투스트라는 어린아이처럼 마음이 이끄는 대로 양껏 기뻐하고 웃으라고 했어요. 그것만이 행복한 인생의 길인 것처럼 이야기했죠. 어린아이처럼 나를 칭찬해요. 부끄러워하지 말고, 유치하게! 어릴 적 칭찬 스티커 붙인 사과나무 기억하시죠? 이제 어른이 된 나에게 스스로 칭찬 붙여주는 시간이네요. 여기 하나씩 적어보아요.

everyday wellness **rule**

everyday wellness **rule**

everyday wellness **rule**

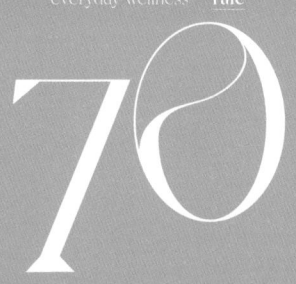

**오늘 할 수 있는 일
리스트를 써보아요**

'투두리스트to do list'란 우리의 하루를 '열심히' 밀어붙여요. 우리는 보통 하루를 열면서 '오늘 할 일 리스트'를 머릿속에 저장하곤 하니까요. 성실한 우리는 그 리스트를 향해 갑니다. 때론 힘겨워요. 몹시도 지키고 싶은 맘에 하루 에너지 용량을 초과하는 일도 많고요. 목표를 다 이루지 못하고 마무리하는 하루는 늘 아쉽기만 합니다. 반복되는 아쉬움은 때론 자책을 낳죠. 그런데 생각해보면, 뭘 그렇게 해야 할 일이 많을까요, 우리는? 하루 24시간은 누구에게나 공평해요. 그러나 우리는 모두 다르죠. 상황도 기질도 오늘의 기분도 체력도. 그러니 '오늘 해야 할 일' 중에서 '오늘 할 수 있는 일'만 추려서 간단한 투두리스트를 만들어보는 건 어때요? 행복은 20cm 남짓한 우리 심장 속의 기준점에 있다고 했어요. 목표를 조금만 낮춰봐요.

everyday wellness   **rule**

everyday wellness **rule**

Every day Wellness.

everyday wellness *interview*

1

Anyone Can be Anything

'뭐든 볼 수 있을 때, 갈 수 있을 때, 할 수 있을 때 하자'는
인생 모토를 가진 스타일리스트 김윤미.
아이러니로 가득 찬 인생이지만 항상 긍정심을 끌어올리려 한다는
그녀의 건강한 라이프스타일 이야기.

Kim Yoon Mi
-Stylist

이름 김윤미 직업 스타일리스트
별명 슈맘 사는 곳 서울, 지금은 영국 런던
삶의 모토 인생은 마라톤이 아니고 춤을 추는 것이다
날 기분 좋게 만드는 사소한 한 가지 낯선 곳에서의 커피 한 잔
잘 사는 삶이란 한마디로 오늘 무탈했나?
인생 영화 피터 패럴리 감독의 〈그린북〉
당신의 데일리 플레이리스트 중 한 곡 클레어 로신크라츠 'Backyard Boy'
제일 좋아하는 말 Anyone can be anything
인스타그램 @ym_studio

간단히 자기소개를 부탁드립니다.

Yoon Mi 사춘기 딸 하나를 둔 엄마 사람 김윤미라고 합니다. 〈하퍼스 바자 코리아〉 등 패션 매거진에서 에디터로 일하다가 지금은 패션 스타일리스트로 활동 중이에요. 딸 시우의 그림을 주제로 한 아이템을 만들어 패션 앤 라이프스타일 브랜드 'SIUSIU'를 만들었고요. 지금까지와는 다른 삶을 살고 싶은 마음에 무모하고 용감하게 3년째 영국살이를 하고 있습니다. 얼마 전에는 딸 시우와 에세이 〈유난하게 용감하게〉를 공동 집필했어요. 제가 맘 편히 살자, 하고 싶은 건 다 하고 살자, 주의인데 그런 내용과 영국살이의 좌충우돌 에피소드를 담았어요.

'웰니스'란 무엇이라 생각하나요?

Yoon Mi 일과 가정생활, 어느 한쪽으로 치우치지 않는 균형 잡힌 삶이 웰니스라고 생각해요. 사실 그런 생활을 유지한다는 게 너무 어렵잖아요. 그런 밸런스를 유지하며 살려고 노력하는 마음가짐과 과정 모두 웰니스적인 삶이라고 생각해요. 더불어 몸과 마음과 정신이 건강한 것!

균형 잡힌 삶을 위해 당신이 지켜나가는 생활 방식이 궁금해요. 아침에 눈뜨면 지키는 루틴이 있나요?

Yoon Mi 아침에 일어나면 기지개를 쫙 켜면서 일부러 큰 소리로 "아우 잘 잤다!"를 외쳐요. 살짝 데시벨을 높여서 외치는 수준으로요. 조금 개운하지 않은 날도 입 밖으로 항상 소리 내서 외친답니다. 그러면 정말 아주 잘 잔 것 같은 기분이 들어요. 언제부턴지 모르게 생긴 나만의 아침 습관이죠. 그런 다음 거실로 나와 보리차를 한 잔 마시고 바로 날씨 방송을 습관처럼 틀어놔요. 런던에 살면서 변화무쌍한 날씨에 민감해진 거 같아요. 런던에서 해는 너무 소중하기 때문에 나도 모르게 날씨 체크하는 습관이 생겼어요. 날씨에 따라 기분 좋게 옷을 입고, 갈 곳을 정리하는 거죠. 그래야 흐리면 흐린 대로 맑으면 맑은 대로 기분 좋게 지낼 수 있어요.

문득 '행복하다'는 생각이 드는 순간은 언제인가요? 최근에 그런 순간이 있었다면 얘기해주세요.

Yoon Mi 서울에서는 너무 바빠서 가족이 같이 밥 먹는 날이 많지 않았어요. 시우는 주로 저희 옆 동에 사는 친정 엄마네서 밥을 먹었고, 저는 촬영장에서 도시락을 먹기 일쑤였고, 남편은 주로 회사에서 해결하고 들어왔죠. 여기서는 가족이 같이 저녁밥을 먹어요. 같이 밥 먹을 때마다 특별하지도 않은 일상이 왜 이렇게 행복할까 생각해요. 서울에 돌아가도 지금처럼 우리의 행복한 저녁 시간을 꼭 사수하고자 합니다. 저녁을 먹고 나면 다 같이 동네 산책하러 나가요. 날이 쌀쌀하든 비가 오든요. 비 오면 또 맞을 만하거든요. 저녁 산책은 우리에게 하루를 '잘 보냈다'는 행복 신호 같은 거예요. 함께 있다는 게, 이 순간의 날씨를 즐긴다는 게 감사하고 행복하니까요.
　　　　그런 소소한 행복을 놓치지 않기 위해, 당신이 수시로 되새기는 마음 속의 외침 혹은 누군가의 조언이 있나요?
Yoon Mi 저보다 훨씬 더 모험심이 강하고 도전 정신이 투철한 남편 말이 저에게 영향을 끼치는 것 같아요. 저는 보기보다 생각이 많고 걱정도 많이 하는 성격이거든요. 생기지도 않은 일을 미리 걱정하는, 걱정을 사서 하는 스타일이라고 하죠 왜. 그런 저에 반해 남편은 참 밝아요. 때론 그런 지나친 밝음이 어이없고 답답할 때가 있는데, 결국 돌이켜보면 그런 긍정적인 에너지가 저를 변화시킨다는 생각이 들어요. 친구든 지인이든 긍정적인 사람과의 교류는 그래서 중요해요. 남편은 제게 "시간은 되돌릴 수 없는 거야"라는 말을 자주 하죠. 이 순간을 걱정 없이 즐기라는 거잖아요. 그러면서 이런 말을 덧붙이곤 해요. "오늘부터 다시 시작하면 돼."
　　　　맞아요. 몸의 건강만큼 정신 건강이 중요하죠. 긍정 에너지를 길어올리기 위해 지키는 습관이 있을까요?
Yoon Mi 자기 전에 다 같이 하루 동안 감사했던 일을 '감사 노트'에 적어요. 내용은 소소한 것들이에요. 시우가 학교를 무사히 잘 다녀와서 감사하다, 엄마의 제육볶음이 맛있어서 감사하다, 오늘 날씨가 유난히 화창해서 감사하다, 우리 가족이 건강해서 감사하다, 드럼 수업에서 새 곡을 배워서 감사하다 등등. 감사할 줄 아는 마음에 평화가 자리 잡는 거 같아요. 오늘 하루를 잘 마무리하는 우리 가족만의 마음가짐 같은 거예요.
　　　　어떤 계기로 감사 노트를 쓰기 시작했나요?
Yoon Mi 딸아이 시우가 일곱 살 때부터 시작했어요. 3년 전 영국에 와서도 감사 노트를 죽 쓰고 있죠. 일기라고 하기엔 좀 부끄러운 줄 메모 정도예요. 하루를 마감하며 그날 감사하게 느꼈던 일을 짧게 적는 노트인데, 영국에서만 벌써 세 권째 쓰고 있네요. 특별한 계기는 없어요. 시우가 1학년 초등학생일 때 학교에서 감사 노트를 나눠주었어요. 한마디로 감사함을 적는 '숙제'였지요. 아이도 쓰고 부모도 쓰는! 그런데 그걸 매번 쓰다 보니까 좋은 거예요. 오늘 어떤 감사한 일이 있었지 생각하게 되고, 하루를 되짚다 보면 감사함이 넘치고! 런던에 오면서 그 숙제는 더 이상 할 필요가 없어졌지만 좋은 '습관'이 되겠다 싶어서 노트를 사서 쓰기 시작했어요. 긍정적인 변화까지는 모르겠고 각자 쓰고 난 다음에 노트를 읽어보면 재미있어요. 꼭 말하지 않아도 노트에 서로에 대한 감사함을 적어놓은 날은 마음이 좀 더 훈훈해진달까요? 서로에게 쌓인 섭섭함이나 화도 자연스럽게 치유되고요. 일상에서 감사함을 알고 느낀다는 건 정말 중요해요. 이 세상에 당연한 것은 없으니까요.

everyday wellness **interview**

일상을 축제처럼! 그래서 학교의 소소한 행사 코스튬 하나도 신나게 준비해요.

제 웰니스 비법은 미술관 산책이에요. 농담 아니고 밥 먹듯 가서 충전하고 와요.

당신이 스타일리스트여서인지, 시우의 스쿨 행사 코스튬은 정말 감각적이에요. 소소한 행사까지 진심으로 즐기고 있다고 여겨지죠. 마치 일상을 파티처럼 즐긴다는 느낌?

Yoon Mi 전 세밀하지 않더라도 굵게 굵게 계획 짜는 것을 좋아했고 그 계획에 따라 움직이는 스타일이었어요. 하지만 예상치 못한 팬데믹을 겪으면서 예전에 비해 무모해진 거 같아요. 모험심이 강해졌고 그러다 보니 '뭐든 할 수 있을 때, 볼 수 있을 때, 갈 수 있을 때 하자!' 그렇게 바뀌더라고요. 정말 즉흥으로 하는 게 많아요. 영국은 날씨도 변덕을 많이 부리니까 해가 쨍 나오는 날에는 무작정 "오늘 코츠월드 다녀올까?" 하는 식으로 바뀐 셈이죠. 미리 계획을 짠 날에는 비가 올 수도 있잖아요. 그렇다 보니 우리의 런던 삶이 파티처럼 화려하지는 않지만, 하루하루가 버라이어티한 건 맞아요. 시우의 행사 코스튬(아주 규모가 작은 학교 놀이라 해도)을 신나게 준비하는 것도 그래서죠. 뭐든 할 수 있을 때 즐겁게 하자는 정신으로요.

가족과의 일상을 떠나서 당신 개인에게 정서적인 유기농 푸드는 무엇인가요?

Yoon Mi 미술관 산책이에요. 농담이 아니고 여기서는 미술관 산책을 밥 먹듯이 해요. 대부분의 미술관 입장이 무료이기 때문에 가능해요. 런던은 그런 면에서 정서적으로 참 풍요로운 도시죠. 테이트 모던, RA, V&A, 내셔널 갤러리 같은 뮤지엄이 아니더라도 메이페어나 본드 스트리트 여기저기에 있는 수많은 갤러리도 대부분 무료예요. 운 좋으면 엘리자베스 페이턴, 앤디 워홀, 구스타프 클림트 같은 대가들의 그림을 볼 수 있는데 어떻게 집에만 가만히 있을 수 있겠어요. 가끔 '나는 도대체 여기서 뭘 하는 걸까? 여긴 어디고 나는 누구인가?' 그런 깊은 고민에 빠지는 날도 있어요. 하지만 무작정 나가서 미술관을 산책하다 보면 어느새 깊어졌던 고민이 싹 사라져요. '그래, 나는 지금 다시 오지 않을 소중한 시간을 보내고 있는 거야!'라며 충만해진 안도의 마음을 부둥켜안고 집으로 돌아온답니다.

매일 머무는 집이란 공간은 또 하나의 정서적 그릇이에요. 그곳에 '긍정, 에너지, 행복'을 담는 당신만의 노하우가 있나요?

Yoon Mi 좋아하는 것들로 벽면을 채우는 거예요. 행복감과 충만한 에너지로요. 전 딸이 그린 그림을 좋아해요. 아직 전문적으로 배운 적이 없어 기술적으로 대단히 뛰어난 그림은 아니지만 저는 어렸을 때부터 딸 시우가 그린 그림을 좋아했어요. 물론 모든 엄마가 그렇겠지만요. 시우는 그림 그리는 것을 참 좋아해요. 가끔 제가 그 그림을 벽에 붙여두죠. 모두 액자에 넣어둘 수 없어서 마스킹테이프로 대충 화이트 벽에 붙여두는데 저는 그 그림을 볼 때마다 행복해요. 요즘은 사춘기여서 그런지 그로테스크한 그림도 자주 그리는데 그건 그 나름 멋스러워요. 아이의 파워풀한 에너지가 집 안 가득 느껴져서 좋아요. 그림을 자유롭게 붙여두니 마치 갤러리 같기도 하고요.

스타일리스트로서, 패션도 '웰니스적인 삶'의 한 부분일 것 같다는 생각이 들어요. 즐겁고 행복한 데일리 스타일링, 당신만의 비법은 뭐예요?

Yoon Mi 컬러를 입어요. 요란한 컬러 매치 말고 포인트를 주는 정도로 즐겨 입어요. 올 블랙으로 스타일링했다면 노란색 비니를 쓴다거나, 상큼하게 양말을 포인트 컬러로 적용한다거나, 비비드한 스카프를 둘러 분위기를 올리는 정도로요.

아무리 쿨하게 살자고 노력하더라도, 마음이 급격히 우울해지고, 기분이 가라앉을 때가 있을 거예요. 그럴 때는 뭘 하나요? 뭘 하면 다시 긍정의 나라로 돌아갈 수 있을까요?

Yoon Mi 무조건 걸어요. 걷다 보면 그동안 보지 못한 것을 발견할 때가 많거든요. 차를 타고 지났으면 가보지 못했을 좁은 골목이랄지, 새로 오픈한 숍이랄지, 담벼락에 그려둔 그림이랄지. 그러다 처음 가본 동네에서 발견한 예쁜 카페에서 마시는 커피 한 잔으로 저는 아주 심플해져요. 낯선 곳에서의 커피 한 잔이 우울했던 나를 행복하게 만들어줄 수 있구나. 나라는 인간은 이렇게 단순하구나 싶어 금세 웃음이 나더라고요. 커피를 마실 때 브라운 슈거를 꼭 두 개 넣는데, 달달한 커피를 홀짝거리며 "인생 뭐 별거 있나 이게 행복이지" 싶은 기분이 들죠. 오늘도 별것 없구나. 이만하면 잘 살았다 싶은!

낯선 동네를 산책하다 카페를 발견하는 행위는 당신에겐 우울 치료제 같은 거군요?

Yoon Mi 맞아요. 저에게 카페는 단지 커피를 마시러 가는 곳이 아니에요. 아마 〈London Cafe〉라는 책을 낼 수 있을 만큼 제가 런던의 예쁜 카페 리스트는 몽땅 갖고 있을걸요. 아무 카페나 들어가지 않아요. 커피 한 잔 마시러 가는 게 아니고 그날의 기분을 사는 것이기 때문이에요. 커피 맛은 기본이죠. 거기에 제 잣대로 보기에 예뻐야 해요. 보는 눈만 높아서 삶이 어떨 땐 정말 피곤하지만 또 어쩌겠어요. 그런 걸 좋아해 패션 에디터가 되었고 트렌디한 비주얼을 만드는 스타일리스트로 사는걸요. '공간'에 대한 '취향'이 뚜렷한 카페를 찾아요. 낯선 동네 걸어 다니는 것을 좋아하다 보니 그곳에서 새로 발견한 카페가 많은 영감을 주거든요. 언젠가부터 자꾸 구석구석 인테리어를 살피게 되는데 커피잔은 어떤 브랜드의 것을 쓰며 커틀러리는 어떤 스타일이고, 분위기의 중심이 되는 조명은 어떤 것들인지, 테이블과 의자의 디자인은 어떤지 보게 돼요. 하다못해 화장실에 가고 싶지 않더라도 인테리어가 궁금해서 일부러 휴대폰 들고 화장실에 다녀온 적도 많아요. 예쁜 곳에 가면 숨은 공간에 대한 호기심이 발동해요. 이러다가 언젠가 런던에서 두 평 남짓 작은 공간의 카페 주인이 되는 건 아닌지, 즐거운 상상을 펼쳐봅니다.

얼마 전 영국 생활을 담은 에세이집 〈유난하게 용감하게〉를 출간했어요. 그 책의 첫 파트 타이틀이 '일상을 여행처럼'이죠. 그 문장이 웰니스적인 삶을 대변한다고 느꼈어요.

Yoon Mi 부끄럽지만 오늘 하루를 여행처럼 보냈나 반성하게 되네요. 책에서 그렇게 떠들어댔지만 일상을 여행처럼 사는 건 결코 쉬운 일이 아니거든요. 저도 큰 용기를 내서 이곳에 왔고 더 큰 용기를 내어 하루하루 살아내고 있어요. 서울과 런던 삶은 너무 상반돼요. 그런 부분 때문에 매우 힘들고요. 건강한 삶은 밸런스가 가장 중요하다고 믿는 저에게도 인생은 참 언밸런스하거든요? 그동안 서울에서 일에 치우친 삶을 살았는데 여기에서는 또 육아에 치우친 삶을 살고 있으니, 웃기지 않나요? 참 아이러니하게요. 그런데 어쩌겠어요? 인생 자체가 아이러니인 것을! 하하. 이럴 때일수록 긍정 에너지가 필요해요. '어쩔 수 없으니 즐겨'라고 저 자신에게 또 주문을 걸어봅니다. 상황에 맞게, 적당하게 살자고. ●

everyday wellness **interview**

자기 전에 다 같이 하루 동안 감사했던 일을 '감사 노트'에 적어요. 딸아이 시우가
일곱 살 때 부터 7년 동안 계속 쓰고 있어요. 내용은 소소한 것들이에요. 시우가 학교를
무사히 잘 다녀와서 감사하다. 엄마의 제육볶음이 맛있어서 감사하다 등등.
감사할 줄 아는 마음에 평화가 자리 잡는 거 같아요. 오늘 하루를 잘 마무리하는
우리 가족만의 마음가짐 같은 거예요.

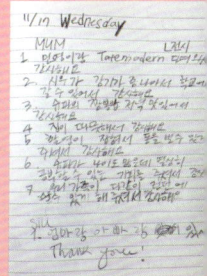

좋아하는 것들로 벽면을
채우는 거예요.
행복감과 충만한
에너지로요. 전 딸이
그린 그림을 좋아해요.
가끔 제가 그 그림을
벽에 붙여두죠.
마스킹테이프로 대충
화이트 벽에 붙여두는데
저는 그 그림을 볼 때마다
행복해요.

저에게 카페는 단지 커피를 마시러 가는 곳이 아니에요. 그래서 아무 카페나 들어가지 않아요. 커피 한 잔 마시러 가는 게 아니고 그날의 기분을 사는 것이기 때문이죠. 그만큼 카페에 가는 것은 제게 중요해요. 이러다가 언젠가 두 평 남짓 작은 공간의 카페 주인이 되는 건 아닌지, 즐거운 상상을 펼쳐봅니다.

아침에 일어나면
기지개를 쫙 켜면서
일부러 큰 소리로
"아우 잘 잤다!"를 외쳐요.
살짝 데시벨을 높여서
외치는 수준으로요.
그러면 정말 아주
잘 잔 것 같은 기분이
들어요. 그런 다음 거실로
나와 보리차 한 잔,
간단한 과일을 먹고
날씨에 따라
기분 좋게 옷을 입고,
갈 곳을 정리하는 거죠.

everyday wellness **interview**

캡, 비니, 양말에 컬러 포인트를 줘요. 기분이 좋아지거든요.

마음이 우울해지면 무조건 걸어요.

일과 가정생활, 어느 한쪽으로 치우치지 않는 균형 잡힌 삶이 웰니스라고 생각해요. 사실 그런 생활을 유지한다는 게 너무 어렵잖아요. 그런 밸런스를 유지하며 살려고 노력하는 마음가짐과 과정 모두 웰니스적인 삶이라고 생각해요. 더불어 몸과 마음과 정신이 건강한 것!

everyday wellness | *interview*

2

Work on Yourself Daily

#젤로스킨이라는 새로운 뷰티 트렌드를 탄생시킨 에바 리가
얘기하는 웰니스 라이프의 필요 조건들.

Ava Lee
-Beauty Creator

이름 **이주원** 직업 **크리에이터이자 바이 에바(by AVA) CEO**
별명 **젤로스킨** 사는 곳 **뉴욕 맨해튼**
삶의 모토 **모든 일에는 다 이유가 있다**
요즘 꽂힌 것 혹은 최대 관심사 **이너뷰티 상품과 스무디 레시피 개발**
날 기분 좋게 만드는 사소한 한 가지 **남에게 칭찬하기, 남의 하루를 좋게 하는 일**
잘 사는 삶이란 한마디로 **좋아하고 잘하는 일을 하면서 살기**
인생 책 **오프라 윈프리 〈내가 확실히 아는 것들〉**
당신의 데일리 플레이리스트 중 한 곡 **테일러 스위프트 'Cruel Summer'**
제일 좋아하는 말 **Carpe Diem!**
인스타그램 **@glowwithava**

간단히 자기소개 부탁드려요.

AVA 저는 한국과 중국에서 유년 시절을 보내고 현재 뉴욕 맨해튼에 살고 있는 에바 리입니다. 글로위드에바@glowithava라는 SNS를 통해 뷰티 콘텐츠를 만들고, 최근에는 바이 에바by AVA라는 이너뷰티 브랜드를 론칭했어요.

처음 웰니스에 관심을 두게 된 계기가 있나요?

AVA 중국에서 고등학교 시절을 보내고, 처음으로 부모님과 떨어져 미국 대학에 진학하게 되었어요. 그전까지만 해도 건강에 유독 관심이 많은 엄마 밑에서 자라 뭐든 잘 챙겨 먹고 건강하게 살았죠. 근데 미국에 온 이후로는 모든 게 달라졌어요. 매 끼니 핫도그나 피자, 과자, 주스만 입에 달고 살았어요. 정말 한 4년은 집밥을 안 먹은 것 같아요. 그러다 금융 쪽으로 취업했는데, 삶이 더 팍팍해졌어요. 먹는 것에 시간을 투자할 수 없었죠. 매일 중국 음식을 주문해 책상 앞에서 허겁지겁 먹었어요. 그 사이 제 몸은 완전히 망가졌어요. 매일 복통에 시달리고 피부도 말이 아니었죠. 그러다가 사모펀드 분야로 옮겼는데, 우연찮게 헬스 케어 사모펀드였어요. 일 때문에라도 건강 관련 공부를 정말 많이 했죠. 그때 피부 문제가 식단에서 비롯됐다는 사실을 알게 됐어요. 식단을 건강하게 개선하고 피부와 몸은 물론 정신력까지 좋아지면서 어느 순간 이 변화를 사람들과 나누고 싶어졌어요.

그러면 그때부터 뷰티 관련 SNS를 시작한 건가요?

AVA 맞아요. 웰니스를 실천하면서 컨디션이 확실히 좋아졌어요. 주변 사람들에게 이 방법을 알려주고 싶은 맘에 SNS에 저의 루틴을 콘텐츠로 만들어 올리기 시작했죠. 근데 정말 너무 재밌는 거예요. 사모펀드 분야로 옮기고 2년쯤 됐을 때의 일이죠. 사실 뉴욕의 금융권에서 일한다는 건 어느 정도 성공을 보장받은 거나 다름없어요. 근데 다 내려놓을 정도로 뷰티 콘텐츠 만드는 일이 좋았어요. 새벽 5시에 일어나서 콘텐츠를 찍고 SNS에 업로드하고, 출근하는 생활을 이어갔죠. 그러다 어느 순간 커리어를 바꿔야겠다는 생각이 들었어요.

과감한 결심이네요. 그때가 2019년이면 20대 후반 정도였을 텐데, 이제껏 쌓아온 경력을 버리기가 쉽진 않았을 텐데요.

AVA 한 가지 생각밖에 없었어요. 제가 원래 복잡하게 사는 스타일이 아니거든요. 좋아하는 일을 하자! 지금 내가 좋아하는 건 화장품이니, 화장품 회사로 이직하자. 이것밖에 생각을 안 했어요. 그래서 회사 그만두고 MBA를 준비하며 이직 단계를 밟았어요. 운 좋게 한국의 화장품 대기업에 합격했는데, 근무조건에 타 회사의 뷰티 콘텐츠를 다루는 개인 SNS를 할 수 없다는 조항이 있었어요.

everyday wellness **interview**

슈퍼 푸드 부스터를 곁들인 아침 스무디!

엄마의 노하우를 더해 예바표
스무디 레시피를 개발 중이에요.

정말 전 아침 이외에는 빡빡하게 식단을 조절하진 않아요. 그렇다고 몸에 아주 안 좋은 음식을 먹는 건 아니지만 스스로 지킬 수 있는 선을 정하죠. 서른이 넘으니 다른 사람이 보는 눈보다 제 위, 제 정신이 편한 걸 우선하게 돼요.

매일 아침 루틴은 대추차 한 잔.

또 다른 결심이 필요한 순간이 다시 왔네요. 어떤 결정을 내렸나요?

AVA 고민이었죠. 내가 하고 싶은 게 과연 무엇인가. 답은 쉽게 나왔어요. 글로우드에바@glowithava를 더 잘할 것 같았어요. 그때 제 팔로워가 5만이고, SNS를 통해 수익을 하나도 올리진 못했는데, 그냥 직감적으로 잘될 것 같았어요.

맞아요. 때로는 그런 직감이 더 건강한 선택에 도움이 되죠. 그래도 주변의 반대가 있었을 것 같아요.

AVA 물론이죠. 부모님께 딱 일 년만 지켜봐달라고 했어요. 그 안에 성과를 내지 못하면 다시 금융계로 돌아가겠다고요. 그리고 일 년 내내 완전히 몰입해서 콘텐츠를 만들었어요. 굉장히 즐거운 몰입의 시간이었죠. 그러다가 코로나가 터졌어요. 어둠이 있어야 빛도 보인다고 했던가요. 그 깜깜한 시절에 오히려 전 뷰티 크리에이터라는 빛을 봤어요. 일단 뷰티 콘텐츠 불모지였던 틱톡에 스킨케어 관련 콘텐츠를 올렸어요. 그 콘텐츠가 큰 인기를 끌었고 그때부터 마법처럼 흘러 지금까지 온 거예요.

하고 싶은 일을 한다, 재미있는 일을 한다. 사실 이거야말로 웰니스의 큰 룰인 것 같아요.

AVA 저는 콘텐츠를 만들 때도, 운동을 할 때도 하고 싶고 재밌는 걸 하려고 해요. 결국은 마음이 변해야 몸도 변하거든요. 스킨케어의 핵심은 이너 뷰티라는 사실을 깨달았기에 제가 과감히 회사를 그만둘 수도 있었고요.

#젤로스킨JELLOSKIN이라는 뷰티 해시태그의 창시자예요. 어떻게 젤로스킨이라는 용어가 나오게 됐나요?

AVA 셀러브리티가 시상식을 앞두고 즉각적으로 활력을 얻기 위해 마사지를 받는데 엄청나게 마사지를 잘하는 분이 있었어요. 그분에게 우연히 마사지를 받았는데, 제 피부를 보더니 너무 탱탱하다면서 계속 '젤로 Jell-O, 젤로' 하는 거예요. 사실 탱탱한 것과 광 나는 피부는 차원이 다르거든요. 광은 스킨케어로 어느 정도 만들 수 있지만 탱탱함은 이너뷰티가 훨씬 중요하죠. 그래서 이러한 비법을 알려야겠다 싶어서 젤로스킨이란 단어를 쓰기 시작했고, 나름 철자마다 의미를 부여했죠. 'J(Journey)'는 피부가 하룻밤 만에 변화하지 않는다는 의미에서 여정을, 'E(Eat balanced meals)'는 균형 잡힌 영양 섭취를, 첫 번째 'L(Lifestyle, not just skincare)'은 스킨케어뿐만 아니라 라이프스타일의 중요성을, 두 번째 'L(Laugh)'은 안면 근육을 움직이는 웃음을, 마지막 'O(Old is not bad)'는 노화가 나쁜 것만은 아니며 탄력 있는 피부로 우아하게 나이 드는 것이 중요하다는 의미를 갖고 있어요.

웰니스란 생활의 루틴을 만드는 거잖아요. 에바 님의 아침 루틴이 궁금하네요.

AVA 거창한 루틴이 있는 건 아니에요. 제가 지킬 수 있는 범위 내에서 최선을 다하자는 주의예요. 아침에는 일어나자마자 대추와 구기자를 넣은 차를 마셔요. 중국에서 어린 시절을 보내서 대추나 한방 재료로 차를 만들어 먹는 것에 익숙했어요. 부모님과 함께 살 때는 아침마다 미지근한 대추차를 마셨죠. 근데 미국에 살면서부터 빈속에 차가운 커피로 아침을 열었어요. 지금 생각해보면 아찔해요. 그게 얼마나 제 위를 위험하게 만든 행동인지 몰라요. 그리고 아침을 꼭 챙겨 먹어요.

아침에는 주로 어떤 메뉴를 먹어요?

AVA 사실 사회생활을 하다 보면 아침 외의 식사는 제가 어찌할 수 없는 상황이 많아요. 그래서 아침만큼은 건강하게 챙겨 먹자는 주의예요. 일어나면 우선 빈속에 프로바이오틱스 알약을 먹고, 요거트나 스무디, 과일 등 최대한 신선한 메뉴에 프리바이오틱스 가루를 뿌려서 먹어요. 이 두 가지만 잘 챙겨도 속이 편안하고, 피부가 눈에 띄게 좋아지는 게 느껴져요. 점심과 저녁에는 만나는 사람에 따라 빵이나 튀긴 음식 등 가리지 않고 먹어요. 대신 빈속에 커피 마시지 않기, 건강한 아침 먹기는 꼭 지키죠.

오늘은 어떤 세끼를 먹었나요?

AVA 여름엔 더우니까 아침에 주로 스무디를 먹어요. 요즘 제철인 복숭아에 케일, 아보카도, 오트 밀크를 넣고 스무디를 만들어 먹었어요. 제 스무디에는 슈퍼 푸드 파우더를 꼭 첨가해요. 앞서 말한 프리바이오틱스랑 오늘은 흑임자 가루를 넣었어요. 점심은 미팅이 있어서 파스타를 먹었고, 저녁엔 튜나 샌드위치를 먹었어요. 정말 전 아침 이외에는 빡빡하게 식단을 조절하진 않아요. 그렇다고 몸에 아주 안 좋은 음식을 먹는 건 아니지만 스스로 지킬 수 있는 선을 정하죠. 서른이 넘으니 다른 사람이 보는 눈보다 제 위, 제 정신이 편한 걸 우선하게 돼요. 예전에는 매일 제가 만들어놓은 규칙을 지키려고 스트레스를 많이 받았어요. 그것도 결국에는 내가 아닌 남의 눈높이에 맞춘 거죠. 지금은 오히려 '오늘 짜장면을 먹었으면 내일은 좀 더 가벼운 걸 먹으면 되지' 이런 식으로 편하게 생각해요.

콘텐츠를 보면 엄마가 자주 등장해요. 에바 님의 건강한 삶에 엄마가 영향을 많이 미친 것 같아요.

AVA 최근에 제 이름을 딴 브랜드 바이 에바 by AVA를 설립했는데, 사실 이 브랜드의 시작은 저희 엄마예요. 제가 어렸을 적부터 엄마는 건강 차를 끓여 주셨고, 슈퍼 푸드를 간편하게 먹을 수 있게 파우더로 만들어서 음식에 뿌려 주셨어요. 저도 그게 습관이 되어서 자연스레 요거트 하나를 먹어도 파우더를 여러 가지 넣죠. 대략 열 가지 정도죠. 근데 주변 사람들이 파우더를 무척 궁금해했어요. 매번 무엇을 첨가하는지 알려주기도 번거롭고 해서 아예 저와 엄마의 슈퍼 푸드 파우더 레시피로 가루 스틱을 만들었죠.

매일 아침을 제철 과일과 야채로 만든
스무디 한잔으로 시작해요

#젤로스킨의 젤로Jello는 알파벳마다 의미가 있어요. 'J(Journey)'는 피부가 하룻밤 만에 변화하지 않는다는 의미에서 여정을, 'E(Eat balanced meals)'는 균형 잡힌 영양 섭취를, 첫 번째 'L(Lifestyle, not just skincare)'은 스킨케어뿐만 아니라 라이프스타일의 중요성을, 두 번째 'L(Laugh)'은 안면 근육을 움직이는 웃음을, 마지막 'O(Old is not bad)'는 노화가 나쁜 것만은 아니며 탄력 있는 피부로 우아하게 나이 드는 것이 중요하다는 의미를 갖고 있죠.

피치 컬러 한 스푼으로 메이크업에 생기를 더해요.

거창하지 않지만 즐겁게 행할 수 있는 셀프 뷰티 케어로 기분 업!

아침을 먹는 동안도 퀵하게 피부 관리 중!

<u>웰니스를 어렵게 행해야 한다면 그건 웰니스가 아니에요. 웰니스는 일이 아니라 삶의 태도잖아요.</u> 전 건강을 체크하는 스마트 기기도 적극적으로 활용하고, 괄사 같은 아이템도 자주 애용해요. 세상엔 좋은 게 많잖아요. 각자의 삶에 맞는 툴을 찾아서 활용하면 웰니스의 길이 훨씬 더 쉬워져요.

everyday wellness **interview**

운동하기 싫은 날은 일부러 컬러풀한 운동복을 입어요.

일부러 운동하러 갈 때 활기를 찾으려고 밝은 색상의 운동복을 골라 입어요. 핑크랑 오렌지 등 이런 색상의 옷을 입으면 저도 모르게 에너지가 차오르는 느낌이에요. 평소에 패션에서 에너지를 많이 얻는 편이에요. 작은 변화, 예컨대 컬러풀한 네일이나 엉뚱한 머리핀 같은 걸로 패션에 활기를 더하죠.

에바 님은 쉽고 간편하게 건강을 지키는 법을 알고 있는 것 같아요. 웰니스 툴도 적극 활용하고요.

AVA 웰니스를 어렵게 행해야 한다면 그건 웰니스가 아니에요. 웰니스는 일이 아니라 삶의 태도잖아요. 전 건강을 체크하는 스마트 기기도 적극적으로 활용하고, 괄사 같은 아이템도 자주 애용해요. 넷플릭스 보면서 괄사를 사용하고, 밤에 메일 쓸 때 얼굴 팩을 하기도 하고요. 세상엔 좋은 게 많잖아요. 각자의 삶에 맞는 툴을 찾아서 활용하면 웰니스의 길이 훨씬 더 쉬워져요.

운동이 너무 하기 싫을 때 에바 님만의 비밀 툴이 있나요?

AVA 저도 운동을 좋아하는 편은 아니에요. 그래서 일부러 운동하러 갈 때 활기를 찾으려고 밝은 색상의 운동복을 골라 입어요. 핑크랑 오렌지 등 이런 색상의 옷을 입으면 저도 모르게 에너지가 차오르는 느낌이에요. 평소에 패션에서 에너지를 많이 얻는 편이에요. 작은 변화, 예컨대 컬러풀한 네일이나 엉뚱한 머리핀 같은 걸로 패션에 활기를 더하죠.

에바 님의 SNS를 보면 쌀뜨물로 스킨 팩하기, 한국 화장품 리뷰하기 등 K-뷰티 콘텐츠가 많아요. 확실히 K-뷰티에 대한 외국인의 관심이 높은 걸 느끼나요?

AVA 물론이죠. 제가 SNS를 시작하던 2018년 즈음은 한국 스킨케어 브랜드가 슬슬 인기를 끌던 시점이었죠. 이젠 대형 뷰티 편집숍에 가면 스킨케어뿐 아니라 한국 메이크업 제품들도 눈에 띄게 늘었어요. 사실 메이크업은 인종에 따라 차이가 커서 다른 나라의 제품을 받아들이기가 쉽지 않은데, 이젠 한국의 가볍고 생기 도는 메이크업에 관심이 엄청나게 많아졌어요. 저도 평소에는 어뮤즈의 듀 파워 비건 쿠션에 젤 핏 틴트, 여기에 엷게 아이섀도 정도만 펴 발라요.

문득 '행복하다'는 생각이 드는 순간은 언제인가요? 최근에 그런 순간이 있었다면 얘기해주세요.

AVA 코로나 초반 사실 생활의 리듬이 많이 망가졌어요. 일과 생활의 경계도 무너진 느낌이었죠. 그래서 2년 전에 집에서 3분 거리에 사무실을 구했어요. 처음에는 집이랑 너무 가까워서 굳이 사무실이 필요한가 싶기도 하고 비용도 부담스러웠죠. 근데 아침에 옷 갈아입고, 화장하고 사무실에 나간다는 행위 자체가 좋더라고요. 뭔가 공간을 바꿈으로써 기분도 전환되고요. 아침 9시에 출근해서 사무실에 앉아 스무디를 마시면(아침 스무디를 사무실에서 만들어요!) 문득 정말 행복하다는 생각이 들어요.

그런 행복을 놓치지 않기 위해, 당신이 꼭 지키거나 수시로 되뇌는 마음속 외침 혹은 누군가의 조언이나 가르침이 있나요?

AVA 모든 일에는 다 이유가 있다! Everything happens for a reason! 🟢

everyday wellness *interview*

3

Hold on, Let Go

도심 속 공유정원을 운영하는 서울가드닝클럽의 대표 이가영이
생각하는 웰니스의 본질.

Lee Gayoung
-Green Life Style Developer

이름 **이가영** 직업 **정원 디자이너**
사는 곳 **경기도 용인**
삶의 모토 **인생에 삽질은 없다**
요즘 꽂힌 것 혹은 최대 관심사 **캠핑**
날 기분 좋게 만드는 사소한 한 가지 **장마철의 보송한 마룻바닥**
잘 사는 삶이란 한마디로 **거스르는 것이 없는 삶**
인생 책 혹은 **로버트 포그 해리슨 〈정원을 말하다〉**
당신의 데일리플레이리스트 중 한 곡 **영화 〈레이니 데이 인 뉴욕〉 OST
'Everything Happens to Me'**
제일 좋아하는 말 혹은 문장 **'빛이 거기에 있을까?'가 아닌,
'빛이 거기에 있다!'는 마음으로**
인스타그램 **@seoul_gardening_club**

간단한 자기소개 부탁드려요.

Gayoung 도심 내에 다양한 그린 스페이스를 기획하고 만드는 서울가드닝클럽을 운영하고 있어요. 회사 동료끼리는 '그린 라이프스타일 디벨로퍼'라는 용어로 저희의 정체성을 정리했어요.

가드닝에 관심을 두게 된 계기는 무엇인가요?

Gayoung 회사 생활을 오래 하다 잠시 쉬어가기 위해 퇴사하고 평범한 나날을 보내던 여름이었어요. 버스를 타고 고속도로를 지나는데 주변의 나무와 풀이 유독 눈에 들어오더라고요. 그와 동시에 '나를 둘러싼 많은 나무와 풀에 대해 너무 무지하다'는 자각을 했죠. 그 자리에서 가드닝 클래스를 검색했어요. 얼마 후 제 스케줄과 맞는 관련 프로그램을 찾아 무작정 배우기 시작했죠. 점점 관심 영역이 넓고 깊어졌어요. 식물 재배에서 실내 가드닝이, 그다음엔 외부 정원이, 그다음엔 조경이 궁금해졌죠. 거기까지 이르니까 제가 도시 환경을 더 나은 방향으로 변화시키는 것에 관심 있음을 깨달았어요. 그래서 대학원에서 정식으로 관련 공부를 마치고 전혀 다른 우주로 뛰어들었어요.

우연이 필연이 되어 새로운 세계까지 도달한 거네요.

Gayoung 그런 셈이죠. 사실 퇴사할 땐 커리어의 방향을 바꾸려는 생각까진 안 했거든요. 어쨌든 앞으로 이 분야를 오랫동안 업으로 삼을 수 있겠다고 생각한 건, 제가 만들어낸 결과물이 누군가의 삶에 조금이라도 좋은 영향을 줄 수 있다고 확신했기 때문이에요. 회사 생활을 할 땐 '이렇게 열심히 모든 걸 쏟아부어서 하는 일이 누군가의 삶을 향상시킬 수 있나? 행복하게 할 수 있나?' 하는 고민을 자주 했거든요. 제가 하는 일이 누군가의 삶에 나쁜 영향을 주거나 과도한 경쟁을 유발한다거나 사람을 피폐하게 만들거나 하지 않으면 좋겠다는 생각이 항상 마음 한 편에 있었어요.

그런 생각이 공유정원이라는 사회적인 프로젝트로 이어졌나요?

Gayoung '사회적인 프로젝트'라고 하니까 뭔가 거창한데, 사실 제가 이 일을 하는 이유는 단순히 가드닝이 가져다주는 행복을 전파하기 위해서가 아니에요. 그보다는 조경과 가드닝을 통해 도시 환경, 그러니까 사람들이 살아가는 공간적 환경이나 조건을 더 좋게 만들고 싶은 바람 때문이에요. 사람들이 대부분 정원이 있는 삶을 원한다고 하지만 정작 한국 도심의 주거 환경은 그렇지 않잖아요. 지나치게 공급자 중심인 데다 가격도 어마어마하니까요. 그러니까 공유정원이란 발상의 시작은 문제 제기에 가까워요. '왜 사람들은 정원을 갖고 싶어 하면서도 삭막한 도심 환경에 아무런 문제를 제기하지 않을까?' 여기에 제 나름의 철학을 담아 대안 공간을 제시한 거죠. 도심의 유휴 공간을 정원으로 만들고 공유할 수 있도록 하면 누구나 좋아할 것 같았거든요. 모두에게 긍정적인 피드백을 강요하진 않았어요. 지금도 마찬가지지만 저는 항상 이 정도의 태도를 유지해요. '도시에도 이런 공간이 있을 수 있지 않나요? 이런 거 같이 만들어보죠.'

공유정원이 꾸준히 멋지게 운영되는 걸 보면 많은 사람이 대표님의 생각에 동의한 것 같아요. 처음에 비하면 규모가 커졌는데, 그에 따른 부담감은 없었나요?

Gayoung 제게 정말 좋은 동료가 있어요. 대학원에서 만나 지금까지 같이 일하고 있는데, 저희 둘 다 감정 기복이 별로 없는 편이에요. 일이 잘 풀릴 때도 둘 다 막 흥분하지 않아요. 늘 좋을 순 없잖아요. 생각지도 못한 이유로 힘든 상황이 발생할 수도 있고, 그러다 보면 또 좋은 날이 오고. 전 직장에선 실의에 자주 빠졌었는데, 이 일을 하고부터는 확실히 안정감을 느껴요. 이 일이 제게 준 선물이죠.

그런 게 식물에서 배운 지혜일까요? 이 일을 하면서 많은 부분에서 삶이 달라졌을 것 같아요.

Gayoung 확실하게 배운 건, 할 일을 충실히 했다면 벌어질 일은 벌어진다는 거예요. 자연의 세계에는 규칙이 있어요. 제가 그걸 알고 제때 적절한 행위를 하면 식물이 새순을 내고 시기에 따라 자기 자리에서 고유한 빛깔의 꽃과 열매를 맺거든요. 이 섭리를 눈앞에서 직접 보고 이해하니 저도 자연의 아주 작은 일부임을 깨달았어요. 마음이 편해지더라고요. 회사에 다닐 때 전 아등바등하는 편이었고 자책도 많이 했어요. 심지어 제가 잘못한 일이 아닌데도 스스로를 탓하곤 했거든요. 그런데 그런 사고방식을 많이 고쳤어요. 제가 할 것을 빠짐없이 했고 노력했다면 그 보상은 돌아오기 마련이라고 생각해요. 언제든 말이죠.

웰니스란 신체적으로나 정신적으로 거슬리는 부분이 없는 상태인 것 같아요. 저에겐 삶의 방향이나 모습을 스스로 결정하고 선택하는 게 가장 중요한 가치거든요. 스스로 가치 있다고 생각하는 목표를 향해 나아가고 그 길에서 만난 사람들과 교류하면서 자연스럽게 사는 것이 웰니스적인 삶이죠.

가드닝이 어렵다면 피에트 우돌프, 김봉찬 등 전문 가드너들의 책이나 인터뷰를 읽어보세요.

남다른 의미가 있는 식물이 있나요?
Gayoung 그때그때 달라지지만, 최근 2~3년간 집중하는 건 먹거리 채소예요. 다양한 허브, 토마토, 블루베리, 오이, 상추 등. 먹을 수 있는 식물을 수확하는 게 성취감도 있고, 그 재료로 요리하면 배달 쓰레기가 줄어든다는 점에서 자연 친화적이기도 하죠. 직접 딴 토마토로 샐러드를 만들어 먹거나 갓 딴 민트와 앵두로 에이드를 만들어 마시면 제 삶을 돌본다는 생각에 마음이 충만해지죠. 얼마 전에 재미난 실험을 시작했어요. 저희 집 정원에 작은 텃밭이 있거든요. 호박, 오이, 포도나무, 앵두나무, 매실나무 등 여러 가지 종류를 키우면서 여름 동안 식재료가 얼마나 산출되는지 궁금한 거예요. 그래서 수확물을 커피 저울에 달아 무게를 재고, 그 결과로 장보기 비용이나 플라스틱 사용을 얼마나 줄일 수 있는지 계산하고 있어요.

대표님이 정의하는 웰니스란 무엇인가요?
Gayoung 가장 자연스러운 상태에 놓일 수 있는 것. 그러니까 신체적으로나 정신적으로 거슬리는 부분이 없는 상태인 것 같아요. 저에겐 삶의 방향이나 모습을 스스로 결정하고 선택하는 게 가장 중요한 가치거든요. 스스로 가치 있다고 생각하는 목표를 향해 나아가고 그 길에서 만난 사람들과 교류하면서 자연스럽게 사는 것이 제가 생각하는 웰니스예요.

구체적으로 어떻게 웰니스를 실천하시나요?
Gayoung 행동보단 정신적인 영역이긴 한데, 남들이 한다고 별 고민 없이 그 시류에 편승하는 건 안 하려고 했어요. 다들 주식이나 코인에 열광할 때 전 그 분야를 볼 생각조차 안 했거든요. 제게 맞지 않다고 생각해서 그런 공부를 하는 시간이 부자연스럽게 느껴지더라고요. 외형적으로도 유행을 따르는 데에는 크게 관심이 없어요.

몸과 마음이 조화로운 삶을 위해 지켜나가는 루틴이 있나요?
Gayoung 루틴을 따로 정해서 지킨다기보단 그때그때 제가 하고 싶은 것, 자연스러운 것을 해요. 집에 있을 땐 거의 텃밭과 정원을 돌보거나 같이 사는 고양이 두 마리, 강아지 한 마리와 시간을 보내요. 요즘 꼭 하는 건 아침이나 저녁 한때 팔로산토 나뭇조각을 태우며 집 안 곳곳을 성화 봉송하듯 도는 것. 팔로산토 향을 정말 좋아하거든요. 잡생각을 떨칠 수 있고, 집 안을 두루 돌볼 수 있어 매일 하고 있어요.

한가한 날은 주로 어떻게 보내시나요?
Gayoung 전 거의 집에 있어요. 정원을 가꾸거나 반려동물이 정원에서 각자의 방식으로 탐험하고 노는 모습을 지켜보는 것도 좋아해요. 마당에서 수확한 작물로 요리를 해 먹기도 하고요. 수확한 열매로 청이나 시럽을 만들고 허브를 띄워 에이드를 만들어 먹기도 해요.

자연의 세계에는 규칙이 있어요. 제가 그걸 알고 제때 적절한 행위를 하면 식물이 새순을 내고 시기에 따라 자기 자리에서 고유한 빛깔의 꽃과 열매를 맺거든요. 이 섭리를 눈앞에서 직접 보고 이해하니 저도 자연의 아주 작은 일부임을 깨달았어요. 마음이 편해지더라고요.

집에 있을 땐 거의 텃밭과 정원을 돌보거나 같이 사는 고양이 두 마리, 강아지 한 마리와 시간을 보내요. 정원을 가꾸거나 반려동물이 정원에서 각자의 방식으로 탐험하고 노는 모습을 지켜보는 것도 좋아해요. 마당에서 수확한 작물로 요리를 해 먹기도 하고요.

당근 한 뿌리, 고추 몇 개, 허브 몇 장만 보태도 너무 좋은 한 끼가 완성돼요.

동물 그리고 자연과 함께하는 일상은 많은 깨달음을 줘요.

가드닝 외에 대표님을 기쁘게 하는 건 뭐예요?

Gayoung 사실 가드닝이 제일 좋지만 요즘 캠핑에 관심이 생겼어요. 정돈된 자연 말고 진짜 야생의 자연으로 들어가보고 싶거든요. 그래서 콤팩트한 캠핑 장비를 알아보기도 하고 유튜브 콘텐츠를 찾아보기도 해요. 캠핑의 세계도 굉장히 방대하고 전문적이잖아요. 아직 제대로 가보진 못했지만, 이번 여름휴가에 도전해보려고 해요.

무기력함이 밀려올 땐 어떻게 떨쳐내시나요?

Gayoung 무기력한 저를 그냥 바라봐요. 사실 지난주가 그랬어요. 그 전주에 몸이 좀 아팠는데 그 후유증인지 몸과 마음이 모두 지쳐서 아무것도 하고 싶지 않더라고요. 근데 무기력을 떨치려고 스스로를 몰아붙이지 않고 그냥 인정했어요. '지금 나는 이런 시기구나, 언젠가는 벗어나기 마련이니 너무 스스로를 괴롭히지 말자. 길어봐야 일주일 정도일 거야'라고 하면서요. 그렇게 두니까 정말 이번 주는 컨디션이 많이 올라왔어요.

무기력한 나를 인정한다, 예상치 못한 답변이네요.

Gayoung 서른다섯 살 즈음에 인생의 방향이 바뀐 후 지금까지 5년 정도 공부하고 사업하면서 자신에 대해 많이 알게 됐어요. 어떤 일을 할 때 행복한지, 어떤 사람들과 함께 있을 때 좋은지 혹은 힘든지 등. 삶의 방향키를 저 자신이 잡고 있다고 분명히 자각한 5년이었어요. 그래서 더 치열하게 고민하고, 목표를 향해 가고, 아닌 것 같으면 빠르게 수정하기를 반복했어요. 그러다 보니 제가 잘할 수 있는 부분이나 내려놓아야 할 부분을 명확히 알겠더라고요. 지치면 지친 대로 자신에게 시간을 주는 여유도 생겼고요.

최근 문득 행복하다고 느낀 순간은 언제예요?

Gayoung 어제였어요. 어제 하루 종일 외근을 하는데 엄청난 폭우가 쏟아졌잖아요. 그걸 뚫고 다음 미팅 장소로 운전하고 갔어요. 그런데 같이 일하는 동료에게서 전화가 왔어요. 비가 너무 많이 내리는데 괜찮은지 안부를 묻는 전화였어요. 굉장히 고맙더라고요. 그러면서 강남 쪽 도로 상황이 위험하니 그냥 집으로 가서 재택 근무하는 게 어떻겠냐고 상황 정리까지 해주더라고요. 그래서 정말 오랜만에 해가 지지 않은 시간에 집에 들어갔는데, 남편이 알아서 제습기를 틀어놓고 외출한 거예요. 밖엔 폭우가 내리는데 집 안은 쾌적하고, 보송보송한 망고, 탱고, 알로하가 저를 반겨주고. 행복감이 밀려오더군요.

삶을 조화롭게 살아가는 데 큰 힘이 된 말이나 좋아하는 글귀가 있다면 소개해주세요.

Gayoung 라이너 마리아 릴케의 시 '나의 축제를 위하여'를 너무 좋아해요. 예전에 살던 집에선 필사해서 냉장고에 붙여둘 정도였어요.

나를 닮은 집에서 느끼는 평화로움 한 스푼!

인생이란 꼭 이해해야 할 필요는 없는 것,
그냥 내버려두면 축제가 될 터이니
길을 걸어가는 아이가
바람이 불 때마다 날려오는
꽃잎들의 선물을 받아들이듯이
하루하루가 네게 그렇게 되도록 하라
(후략)

마지막으로 가드닝을 시작하려는 사람들에게 조언을 부탁드려요.
Gayoung 일단 '식물은 죽이면 안 된다'는 억압된 마음에서 조금 자유로워지라고 말씀드리고 싶어요. 배우는 과정이라고 생각하시길 바라요. 또 중요한 건 식물이 자라는 환경이에요. 예쁜 식물보다 자신이 처한 환경에서 잘 자랄 수 있는 식물을 골라 키워보세요. 초반에 실패한 기억이 쌓이면 쌓일수록 가드닝을 포기하기 쉬워지니까요. 그리고 가드닝에 관한 클래스를 한 번쯤은 듣고 시작해보세요. 요즘은 원데이 클래스도 많잖아요. 실패 확률을 현저히 줄일 수 있을 거예요. 더 나아가 정원을 꾸미고 싶은 분들이라면 자신이 원하는 로망의 정원을 상상하고 그려보시는 걸 추천해드려요. 요즘엔 시대정신을 담은 멋진 정원을 조성하는 가드너(피에트 우돌프, 김봉찬 등)가 많으니, 그분들의 책이나 인터뷰 등을 보고 참고하시는 것도 좋습니다. 🟢

**Wellness is *the joy that* builds up *through each* small success *we get when* sticking to our *daily routine.*

웰니스란 일상의 루틴을 유지하며 얻은 소소한 성공을 통해 행복을 끌어올리는 방식입니다. _amuse

everyday wellness **definition**

웰니스란 목적지가 아니라 가장 자연스러운 나의 외적, 내적 상태를 찾아가는 과정입니다. _stickher

**Wellness
is not a
destination.
It's a journey
of discovering
a totally natural
state of being,
both in wardly
and outwardly.**

기분 좋은 바이브로
매 순간을 채워가는 당신, 순간순간의 몸과 마음을 온전히 사랑하는 당신, 좀 더 나은 내일로 춤추듯 다가가는 당신에게.

Every
day
Well
ness.

Every
day
Well
ness.

초판 1쇄 발행	2023년 8월 15일
기획	어뮤즈, 스티커
취재와 글	김민정, 안주현, 김우주
사진	빈센트, 윤동해, 이미소, Unsplash
편집	박가혜, 박가나, 정미현, 한소담
디자인	studio arru
교열	김양희
수정	소윤하
인쇄와 제책	가람인쇄
펴낸곳	(주)스티커
등록	2023년 6월 21일 제 2023-000044호
주소	서울시 성동구 한림말5길 23 4층
이메일	info@stickher.kr

*이 책은 저작권법에 따라 보호받는 저작물이므로 무단 전재와 복제를 금지합니다.
*이 책 내용의 일부를 이용하려면 저작권자인 (주)어뮤즈, (주)스티커의 동의를 받아야만 합니다.

ISBN 979-11-983959-0-0   03810